博恩·崔西职业巅峰系列

吃掉那只青蛙

博恩·崔西的高效时间管理法则

（原书第3版）

[美] 博恩·崔西（Brian Tracy）著 王璐 译

EAT THAT FROG!

21 Great Ways to Stop Procrastinating and Get More Done in Less Time, 3rd Edition

机械工业出版社
CHINA MACHINE PRESS

图书在版编目（CIP）数据

吃掉那只青蛙：博恩·崔西的高效时间管理法则（原书第3版）/（美）博恩·崔西（Brian Tracy）著；王璐译. —北京：机械工业出版社，2017.7（2025.2重印）

（博恩·崔西职业巅峰系列）

书名原文：Eat That Frog！: 21 Great Ways to Stop Procrastinating and Get More Done in Less Time

ISBN 978-7-111-57387-6

I. 吃… II. ① 博… ② 王… III. 时间－管理－通俗读物 IV. C935-49

中国版本图书馆 CIP 数据核字（2017）第 149481 号

北京市版权局著作权合同登记　图字：01-2015-4142 号。

Brian Tracy. Eat That Frog!: 21 Great Ways to Stop Procrastinating and Get More Done in Less Time, 3rd Edition.

Copyright © 2017 by Brian Tracy.

Simplified Chinese Translation Copyright © 2017 by China Machine Press.

Simplified Chinese translation rights arranged with Berrett-Koehler Publishers through Andrew Nurnberg Associates International Ltd. This edition is authorized for sale in the Chinese mainland (excluding Hong Kong SAR, Macao SAR and Taiwan).

No part of this book may be reproduced or transmitted in any form or by any means, electronic or mechanical, including photocopying, recording or any information storage and retrieval system, without permission, in writing, from the publisher.

All rights reserved.

本书中文简体字版由 Berrett-Koehler Publishers 通过 Andrew Nurnberg Associates International Ltd. 授权机械工业出版社在中国大陆地区（不包括香港、澳门特别行政区及台湾地区）独家出版发行。未经出版者书面许可，不得以任何方式抄袭、复制或节录本书中的任何部分。

吃掉那只青蛙

出版发行：机械工业出版社（北京市西城区百万庄大街22号　邮政编码：100037）
责任编辑：宋学文
责任校对：李秋荣
印　　刷：三河市宏达印刷有限公司
版　　次：2025年2月第1版第29次印刷
开　　本：130mm×185mm　1/32
印　　张：6.5
书　　号：ISBN 978-7-111-57387-6
定　　价：59.00元

客服电话：(010) 88361066　68326294

版权所有·侵权必究
封底无防伪标均为盗版

献给我优秀的女儿凯瑟琳

你冰雪聪明、卓越非凡

未来的美好前程就在你的前方

目　录

赞誉
推荐序一　吃青蛙，过想要的生活（叶武滨）
推荐序二　吃青蛙，是一种什么样的体验（刘磊）
前言
引言

第 1 章　明确目标 / 001

　　书面目标的魔力 / 007

第 2 章　制订计划 / 009

　　提高回报率 / 011

　　每天节省出两小时 / 012

　　目标不同，计划不同 / 013

　　为项目制订一份计划 / 014

第 3 章　将 80/20 法则用于你的所有任务　/ 017

　　任务的数量 vs 任务的重要性　/ 019

　　关注重要活动　/ 020

　　自我激励　/ 021

第 4 章　考虑效果　/ 025

　　对时间的配置做出更好的安排　/ 027

　　用长期的时间观念进行思考　/ 028

　　遵守强迫效率法则　/ 030

　　最后期限只是借口　/ 032

　　有关生产力最大化的 3 个问题　/ 032

第 5 章　学会说"不"　/ 037

　　优先级高低之分　/ 039

　　创造性拖延　/ 040

　　把花费时间长的活动设定为次优先级　/ 042

第 6 章　持续不断地练习使用 ABCDE 法　/ 045

　　一边思考，一边把你思考的结果
　　　写在纸上　/ 046

"应该做"还是"必须做" / 047

立即行动 / 049

第 7 章　聚焦关键结果领域 / 051

管理和销售工作中的 7 大要素 / 053

明晰关键结果领域至关重要 / 054

明确自己的定位 / 055

薄弱环节导致工作拖延 / 056

一个重要的问题 / 057

第 8 章　遵守"3 个"定律 / 059

每天只做一项工作 / 061

马上行动起来 / 062

改变你的生活 / 063

快速列出清单 / 064

时间管理是实现目标的方法 / 066

工作时间要全身心地工作 / 067

平衡不是可选择的 / 068

第 9 章　做好充分准备再行动　/ 071

　　创造舒适的工作空间　/ 073

　　为梦想奋斗　/ 074

　　迈出第一步　/ 075

第 10 章　每次到达下一个油桶　/ 077

　　穿越撒哈拉沙漠　/ 078

　　每次完成一步　/ 080

第 11 章　升级核心技能　/ 083

　　学无止境　/ 085

　　成为大师的 3 个步骤　/ 087

第 12 章　找到最关键的限制因素　/ 091

　　找出限制因素　/ 093

　　运用 80/20 法则解决限制因素　/ 094

　　从自身找原因　/ 095

　　找准原因，对症下药　/ 095

第 13 章　自我设定压力目标　/ 099

成为业内的领军者　/ 101

自己设定最后期限　/ 101

第 14 章　激励自己将理想转化成行动　/ 105

控制你跟心灵的对话　/ 107

建立积极的态度　/ 108

第 15 章　技术是一个可怕的掌控者　/ 111

你要有所选择　/ 112

一定不能上瘾　/ 114

找回属于自己的时间　/ 114

不要成为高科技的奴隶　/ 115

有人会告诉你　/ 116

第 16 章　技术是一名出色的仆人　/ 119

掌控你的通信　/ 121

遇到突发事件怎么办　/ 121

掌控你的时间　/ 122

利用技术掌控你的情绪　/ 123

第 17 章　高度的专注力 / 127

　　上瘾 / 128
　　多任务引发的幻觉 / 129
　　被验证的结论 / 130
　　把生产力提升到两倍 / 131

第 18 章　奶酪和香肠工作法 / 133

　　设定强制关闭机制 / 135
　　任务分解的"奶酪工作法" / 136

第 19 章　创造整块的时间 / 139

　　为整块时间制订时间表 / 141
　　使用时间计划表 / 141
　　把每分钟都利用起来 / 142

第 20 章　保持紧迫感 / 145

　　进入最佳状态 / 146
　　引爆自身的高效能 / 147
　　激发动能 / 148
　　马上行动 / 149

第 21 章　单独处理每一项任务 / 153

一旦开始，全力以赴 / 154

不浪费时间 / 155

自律是关键 / 156

后记 / 159

参考文献 / 163

作者简介 / 165

赞 誉

管理的首要任务是管理好自己。管理好自己的关键是发现自己与众不同的、为他人创造价值的领域，然后，把尽可能多的时间投入进去。

——王欣，彼得·德鲁克管理学院院长

《吃掉那只青蛙》这本书，从我第一次阅读已经过去近 20 年了，每天早起吃青蛙已经成为我每天起床后的第一件事，10 多年来，还有很多幸福行动家人跟我一起加入了吃青蛙的行列。我见证着他们每天打卡，最终克服了拖延，实现了自己的目标。他们通过亲手改写自己的人生轨迹，变得自信满满。我为他们变得如此专注和成功感到开心。

——张永锡，幸福行动家发起人、时间管理实践者，
世界华人讲师联盟讲师、理事，我学网成长顾问

距离首次阅读这本书已经过了10多年时间，很高兴获知这本书会重新出版。书中的很多内容已经成为时间管理方面最基本的规则和建议的一部分，如果你对效率提升和时间管理有兴趣，建议将实践本书做为起点。

——战隼，时间管理及团队效率专家，
知名自媒体（warfalcon）创始人、100天行动发起人

无论是职场人士还是企业经营者，每天都面临着如何提高工作效能、合理安排好时间的问题！同样的时间、同样的忙碌，因为时间管理方式的不同，所取得的成效千差万别，所造就的人生也就完全不同！想要成为高效的成功人士，本书给出的时间管理的理论、法则、方法简单实用、全面系统，如果能反复实践形成自己的习惯和规律，将能帮助到每个职场人实现更为精彩的人生！

——孙志勇，志邦厨柜董事长

作为一名时间管理领域的讲师，经常被问到有什么方法可以快速有效地改变自己的生活。这个世界不存在什么万能的特效药，但却有很多简单易行的方法，"吃掉那只青蛙"就是其中的一个。如果你每天都能先完成

最重要、最困难、最有创造性的事情,你的一天、一年、一生也会如此。这绝对是一个值得你花时间去培养并会让你受益一生的好习惯,也值得我们每个人反复实践。

——李参,职业培训师,专注于时间管理与个人知识管理,《印象笔记留给你的空间》作者

注意:本书将对你的工作实践和目标产生重大的影响,《吃掉那只青蛙》挑战你的工作方法,书中阐述了成功者需要具备的自律,它深刻挖掘了人们拖延的根源。书中提出的生产力快速提升法则对每个人都有效。

——《微观商业中心》(*Micro Business Hub*)杂志

如果在你的生命里,拖延总是导致各种问题,那么《吃掉那只青蛙》将为你提供一系列有价值的战术,帮你克服拖延。每个人拖延的原因各异,所以崔西在书中给出了不同的方法,帮助人们战胜不同原因导致的拖延。

——The Simple Dollar 博客

《吃掉那只青蛙》是生产力方面我最喜欢的书,我一年又一年地,在每年的 1 月重读这本书,提醒自己在

这一年应该遵循哪些法则和方法。每次重读，我都会发现书中蕴含的宝藏。

——丽兹·古思特，《走向卓越》作者

每人都有一只青蛙，吃掉那只青蛙是你克服拖延最有效的方法。拖延是时间杀手，崔西为我们指明了一条道路，帮我们找到吃青蛙的乐趣。《吃掉那只青蛙》每一章都蕴含了一个新观点，帮你克服内在惰性，让你晚上在健身房锻炼，而不是下班后就只躺在沙发上。

——花生出版社

《吃掉那只青蛙》这本小书不厚，但内容丰富，为现代人的生活节奏太快指出了一条解决之道：治愈拖延。虽然书中开出的药方似乎让人很痛苦，但实则不然。我爱这本书。

我已经读过数不清的书了。大多数情况下我记不住曾经读过的内容。但这本书让我记忆深刻。我现在每天都在吃青蛙，感觉棒极了！这本书我要大力推荐给你！

——科琳娜·理查德，教练学院

《吃掉那只青蛙》切中了我的所有要害：组织待办事项清单、制订每日计划，使我变得更高效、更专注！

——贝丝·安妮·施瓦姆伯格，
《卓越的职场妈妈》作者

《吃掉那只青蛙》是个人效能和时间管理方面最易掌握的一本书。推荐你在学习任何其他的实践管理系统之前读一下。书中有几十条练习和技巧可以帮助你迅速提升效能。这是我本人最喜欢的书，没有之一！它提供了一系列可以马上实践的步骤！

——彭坦，Asian Efficiency 博主

《吃掉那只青蛙》是一本影响力深刻的读本。崔西在书中分享了 21 条改变游戏规则的方法。如果你有一双善于发现的眼睛，本书会帮助你实现自我提升并改变自我。我已经从本书获益良多，强烈推荐你马上买一本来读。

——克里斯·摩尔，Reflect on This 博主

在当今的超竞争时代，每个人都想提升自我价值、科学地管理自己的时间，我向每个人强烈推荐这本书。

——*Journal of Applied Christian Leadership* 期刊

我本以为"吃掉那只青蛙"就是一个无聊的新名词，对实际生活没有任何指导意义，因此一开始我对这本书并不抱期望。但事实证明我大错特错了！这本书最大的优点是它确确实实告诉你应该做什么。书中不是空谈梦想和愿望，而是给出了实际可行的建议，这些建议适合每个人——学生、职员、全职主妇、企业家……不论你是否意识到自己的时间管理问题，我都建议你读一下这本书。你一定能从这本书中学到有用的方法。

——菲比，Shocks and Shoes 博主

《吃掉那只青蛙》在同类书中绝对一枝独秀，书中列出了很多建立自律性的指南，帮助你有步骤地完成重要的任务。书中的每一章都提供了清晰的指导和实践练习，帮助你确定当前是否把时间运用到了最佳。你可以学习如何在思想和行动上对待手头的任务，书中还包括如何持续推进目标实现的任务分解和管理的战略战术。如果你迟迟无法展开工作、容易分心，你也能从书中找到解决之道。

——卡耐基图书馆商业图书管理员，《匹兹堡邮报》
（*Pittsburgh Post-Gazette*）

推荐序一
吃青蛙，过想要的生活

与《吃掉那只青蛙》，我们之间实在缘分不浅。

十几年前我刚接触到这本书的21条时间管理法则时，不是以书籍的形式，而是通过这门课程的录音带。那时我在传统行业做自己的企业，面对和现在很多人一样的挑战，家庭和事业不能很好地平衡和兼顾。

在积极寻找解决方案时，我遇到了《吃掉那只青蛙》，它的内容对我帮助非常大，它的21条法则让我如获至宝，那时我一边听学，一边记录重点，听完后立马把重要知识点做成PPT，在供自己不断复盘学习的同时，也把它介绍给更多人。

4年前我从传统行业出来,开始专心专业地做时间管理的研究和实践教育,我创立了易效能®时间管理教育培训公司,经过在行业内不断地深耕与探索,通过易效能®时间管理线上课和线下课、音频录播和在线直播等多种方式和渠道,已直接服务全球超过百万华人,帮助他们过上了自己想要的生活。

我把《吃掉那只青蛙》中的21条时间管理法则经过自己的实践演化,分享给我的学员,我常常在课堂上给他们讲:

(1)人生一定要有梦想,因为它一定会实现。梦想再大也不嫌大,追梦的人再小也不嫌小,每年年初给自己做一个梦想板,把今年的梦想或目标可视化,激励自己每天向它靠近。

(2)人生不在于做多少事,而在于把重要的事做到极致。事情是永远做不完的,我们只能有选择地做最重要的事。每天挑出最重要的3件事优先完成,每天花80%的时间和精力吃掉3只青蛙,然后花20%的时间和精力处理杂事,这就是能让我们人生快速出成果的二八法则。

(3)没有愿景,一切都是空想;没有行动,一切都是噩梦。行动力是我们获得成功的关键：烂开始、好开展、好结果。把一个巨大的目标分解成可以马上行动的一个个小步骤，一步一步地迈进，最终就能走到你想到达的地方。

（4）精力管理是时间管理的基础，身体健康才能保证做事高效，所以为了确保自己每天都有充足的精力应对挑战，我倡导大家一定要养成"3＋1"的人生基础习惯：早睡早起、健康饮食、运动健身＋正念·冥想。

……

《吃掉那只青蛙》一共讲了21条时间管理法则，这本书把它做成了21个章节，并进行了详细的阐释，这21条的每一条都让我在亲身实践多年后获益颇丰，所以直到今日，我还在自己的课堂上把它们教给我的学员，从而让更多的人实现了自己高效工作、幸福生活的理想。

可以说，是《吃掉那只青蛙》开启了我探索时间管理的大门，在它之后我又研究了彼得·德鲁克的管理理论、戴维·艾伦的GTD理论、弗朗西斯科·西里洛的《番茄工作法》、史蒂芬·柯维的《高效能人士的七个习惯》等，在大师们的肩膀上，基于古老的东方智慧创立出的易效能®时间管理培训课程如今能受到大家的认可，我为这个美好的开始由衷地感到幸运。

如果你现在还生活在每天忙碌地工作、盲目地生活，并且对未来感到十分茫然的情况中，那么我强烈推荐你阅读这本书，它里面介绍的 21 条时间管理法则，只要你能坚持践行就一定能收获新生。

叶武滨

易效能®时间管理教育机构创始人

喜马拉雅平台知名主播

畅销书《善用时间》作者

真爱基金"梦想中心"公益捐建者

2017 年 5 月

推荐序二
吃青蛙，是一种什么样的体验

2009年，我大学毕业步入职场。但接下来的两年，初入职场的兴奋感、成就感就随着单调的生活而消失殆尽。记得那时，周一到周五总是忙碌到晚上10点多才下班，而周六日经常熬夜玩游戏、看电影，然后睡到中午十一二点钟自然醒。周末去干什么，也没什么规划，往往只是打电话叫个外卖，然后一边吃饭，一边看网络新闻、视频。曾经有一个周日，我因为无聊，漫无目的地竟然一口气看完了4部电影，而一想到明天上班后还有那么多棘手的工作等待处理，真是无比沮丧！

我想每一天都过得充实有意义，我想在北京成就一番事业，在这个城市立足，而不是这样得过且过地混日子!

痛定思痛后,我开始在网上搜索这个问题:"人,如何才能生活得幸福?"结果发现很多人都和我有同样的困惑,只是大家并没有讲出来而已。很多前辈,经过自己的探索实践,得出的答案是:人,要想生活得幸福,就一定要学会时间管理!而说到时间管理,就一定要读时间管理大师——博恩·崔西老师的经典之作《吃掉那只青蛙》。让人为难的是,当时市场上这本书已经绝版,没办法买到正版的书籍,自己也是从网上找的电子书阅读学习。好在今天,由王璐老师翻译的《吃掉那只青蛙》即将再版,这将是很多追求效能管理、时间管理的职场人的福音。

青蛙,代表的是那些极具挑战性,做了就能带来很大价值的事情。但进入互联网时代,时间和信息的碎片化已经是不可逆转的趋势,而大部分人也在不知不觉中开始喜欢做那些琐碎的价值不大的事情,比如不自觉地打开微信刷朋友圈,陷入无穷无尽的QQ、微信的碎片化交流,或者流连于今日头条的吸睛新闻数十分钟,却想不起来到底看了什么。你如果认真地统计一下自己的时间消费记录,一定会震惊于自己竟然花费如此多的时间在那些无意义的琐事上。我从 2011 年起，开始践行每天吃青蛙的习惯，坚持到今天，这个习惯已经给我的工作、生活带来了巨大的改变。吃青蛙，到底是一种什么样的体验？回顾 3 只自己吃过的最难忘的青蛙，分享如下。

我吃过的第 1 只最难忘的青蛙，当属名叫"101 个梦想清单"的青蛙。读了很多时间管理的书，所有的理论都告诉我们：要想做好时间管理，一定要先给自己树立目标！最好把自己一生的梦想清单写出来！可当你真正下笔时，才发现自己的梦想是什么，根本写不出来！把自己逼急了，也无非是"钱多活少离家近"或者"当上 CEO，迎娶白富美，走上人生巅峰"这类空洞的想法。从小到大的教育，似乎并没有太多鼓励我们去追求自己梦想的训练，导致长大成人后，自己到底想活成什么样子，自己的人生到底有什么可能，一无所知。庆幸的是，对这只名叫"101 个梦想清单"的青蛙，忍着它巨大的臊气和恶心，我还是啃下来了！虽然过程并不是很光彩：想不出来自己的梦想清单，难道还不会抄么？先抄别人的梦想清单，然后每年自己再逐步升级！所以，别人朋友圈晒了去西藏，我也把到西藏旅游添加到自己的梦想清单里；别人去了硅谷，我也把到硅谷学习交流作为自己的目标……让人意想不到的是，这只"恶心至极"的青蛙，营养价值却高到令人发指，吃了它，仿佛给你装了一个新的头脑，做起事情来再也不会畏首畏尾。

我吃过的第2只难忘的青蛙，当属名叫"每周回顾计划"的青蛙。刚工作时，根本没有积极主动安排工作的意识，有时忙得要死，还有各种突发的紧急事件，有时突然像断电一样不知道下一步该做什么……这只名叫"每周回顾计划"的青蛙，让我知道"千里之行，始于足下"。每周六拿出两小时不受打扰的时间，总结上周的工作情况，安排下周的计划。刚开始吃这只青蛙时，也是抓耳挠腮不知道怎么下嘴，后来逼着自己耐着性子，也是越吃越熟练，越吃越好吃！不过，需要友情提醒的是：假如你只是光等着吃"每周回顾计划"的青蛙，而忘记了每天"日程安排"的蝌蚪，这些蝌蚪也会长大成为青蛙，让你吃的时候困难重重。

我吃过的第3只难忘的青蛙，当属名叫"我要创业"的青蛙。工作第2年，还完了自己的大学助学贷款，手里有了一点点积蓄。这积蓄匮乏到让我突然发现，如果还是像之前一样按部就班，自己根本没有办法在北京立足，更不可能过上自己想要的生活！这时候，名叫"我要创业"的这只青蛙跳出来了，然后它坐在那里……我想自己还没有做好创业的准备，所以我就那么每天看着它，它也每天看着我。我不知道怎么才能下定决心吃掉它，它似乎也洞察了我的心理，每天轻蔑地看着我。"如果你要完全吃掉一只活青蛙，却只是一直坐在那里盯着它看，看得再久也无济于事。"博恩·崔西老师的吃青蛙定律回响在我的耳旁！这该死的青蛙，我决定生吞了你！于是，2011年年初自己从公司辞职，从公司宿舍搬出来租了一个地下室暂时落脚，开始想自己创业要干什么项目。经历一次又一次失败，我们苟活着。直到2013年年底，开始做生产力协作工具日事清，也突然在创业3年后才知道，原来创业是可以找投资的；我们仍然潜心不断地打磨产品，也开始尝试找投资，然后竟然还拿到了三轮千万元级的投资……

　　我还走在创业的路上，也还在每天不断地吃青蛙！只是心态已经从逼着自己硬着头皮吃，转变到现在甘之若饴地硬着头皮吃。因为我知道：吃掉那只青蛙，虽然艰难，但一定会给自己的人生带来极其丰富的营养！

和王璐老师相识是在两年前。两年后,终于有幸见证这本书的新版问世,我想中间王璐老师也一定经历了很多吃青蛙的时刻,感谢王璐老师的辛勤劳作!

最后,向所有职场的朋友们,推荐这本书,因为我坚信:只有敢于吃掉那些人生路上的青蛙,我们才能过上自己真正向往的自由生活。

刘磊

日事清创始人

2017 年 5 月 19 日

前　言

感谢你选择这本书。本书介绍的方法不但帮助过我自己，还帮助过几十万名学员，希望这些方法对你同样有帮助。事实上我希望读完这本书之后，你的生活会彻底地改变。

在日常生活中，每个人要处理的事情实在太多，因此任何人都没有足够的时间完成所有的事情。你每天被做不完的工作、个人职责、项目、看不完的杂志和图书吞没了所有的时间。你一定很想从这种忙碌的状态中解脱出来！

但事实上，你永远不可能完成所有事情，也永远无法完成你要做的所有任务。对你来说，完成所有任务，然后全身心地放松、享受休闲时光，似乎是一个遥不可及的梦。

如果只是简单地通过提高个人生产力来解决上述问题，那么只不过是解决了皮毛而已，问题的根本并没有得到解决。无论你要做多少事情，也无论你掌握了多少提高个人生产力的技巧，都无法在有限的时间内完成所有事情。

数不清的职责像滔滔江水一般，源源不断地占据了你的生活，你只有改变自己的思维方式、工作方式以及处世的方式，才能自如地驾驭你的时间，掌控自己的生活。你只有学会放弃，把时间和精力放在那些能够改变你生活的重要事情上，才能有效地安排你所要面对的那些事情。

我研究时间管理超过30年了。我曾潜心钻研了彼得·德鲁克、麦肯锡、阿兰·拉金、史蒂芬·柯维等人的作品。我读过上百本关于提高个人生产力和个人效能的书，以及几千篇同类文章。本书是我历经所有研究之后的集大成之作。

每当我发现一个管理时间的好方法时，我会立刻在自己的工作和生活中加以实践。如果实践证明这种方法有效，我会在我的报告和培训中推广它，把它传授给更多的学员。

伽利略曾说过："你不能教会一个人所有的事情，你只能引导他从自身出发，去解决问题。"

因为每个人的知识层次、经历各不相同，我在书中提到的方法可能会让你觉得似曾相识。但本书会带领你在更深入的层次上运用这些最有效的方法。当你学习了这些方法和技巧，然后不断加以应用，直到变成你自己的习惯后，你将把你的生命课程带入一个积极的境界。

向成功人士学习

我来给你讲讲我本人的真实故事，以及我写这本小册子的初心。我在很小的年纪就开始到社会上工作谋生，那时的我没有什么特长，空有一腔对社会的好奇。我在学校读书时学习较差，没拿到学位就离开学校了。刚开始的几年里，我在社会上只能找到做体力活的工作，前途渺茫。

当时也是因为年轻气盛，我找到了一份货船上的工作，跟随货船周游世界。在接下来的 8 年里，我随船工作，到过很多地方，还游览了很多国家。累计算下来，

XXX

我到过五大洲的80多个国家。

后来年纪逐渐大了，再也不能做体力工作了。于是，我就开始转行做销售，去挨家挨户地做直销推广产品。当时一单一单地做，销售额很不理想，后来我开始跟周围的销售做对比，并问自己："为什么别人的销售业绩比我好呢？"

后来我做的事情改变了我的一生。我去问周围那些成功人士，为什么他们的生产力更高，能赚到比我更多的钱。他们告诉了我答案。然后，我开始按照他们建议的方法去做，结果立刻显现出来，后来我就成长为一名成功的销售精英，然后被提升为销售主管。当上销售主管之后，我又采用了同样的策略，去问周围那些成功的销售主管们，他们实现卓越绩效的秘诀是什么。他们告诉我答案，我又按照他们建议的方法去做，果不其然，很快我就取得了与他们一样卓越的成绩。

我通过学习进行自我提升和实践的过程，改变了我的人生。让我感到非常惊讶的是，这种方法其实非常简单，你只要学习并运用和成功人士一样的方法去做事，就一定会得到同样的结果，就是说要向专家学习。这真是一个绝妙的创意。

成功是可以预测的

有的人更会做事，是因为他们做事的方法非常特别，而且他们用正确的方法做对的事情。尤其是那些成功的、幸福的、充满激情的人在利用时间方面比普通人要聪明得多。

因为我自己没有特殊背景，一开始我的内心深处总有深深的自卑感，我总是认为，那些比我成功的人，的确比我更优秀，而且在各方面都比我做得好。其实当时我的想法并不完全正确，他们并不是做得更好，只是更特别而已。由于种种原因，他们学会了做事的方法，同样的道理，我也需要去学习做事的方法。

对我来说，这是一个重要的启示。这个发现让我感到既惊又喜。虽然我还是原来的我，但是我已经意识到，只要找出某个领域里的成功人士是怎么做的，然后效仿他们的做法，直到我自己也取得与他们一样的成就，我就可以改变自己的生活，实现自己确定的任何目标。

我在做销售的第一年就已经成长为一名顶级销售员，第二年我就做到了销售主管的位置，在第三年我被公司提拔为副总裁，负责管理6个国家95人的销售团队，那一年我才25岁。

这么多年来，我做过22种不同的工作，创办过若干家公司，获得了一所知名大学的管理学学位，学过法语、德语、西班牙语，后来成为一名职业演说家、培训大师，为1 000多家企业做过咨询。每年我要为超过25万名学员做报告和培训，其中最大规模培训的观众人数超过2万人。

简单的事实

纵观整个职业生涯，我总结出了一个简单的真理：集中精力去完成最重要的事情，彻底地完成它们，并把它们做好，这是人一生取得巨大的成功、成就，赢得受人尊重的社会地位，获取幸福感的关键所在。这一关键的洞察恰恰是本书的灵魂。

我在本书中总结了21条最重要、最有效的提高生产力和个人效能的方法，能够为你的职业发展提速，同时丰富你的人生。

这些方法、技巧和策略已经得到广泛的实践验证，并且具有立竿见影的效果。因为我本人只对时间管理本身感兴趣，所以我在书中并没有过多涉及拖延、糟糕的时间管理，做过多的心理学和情感上的解释。书中也没有篇幅很长的理论和研究的过程。本书只教给你即学即用的办法，帮助你更好、更快地完成工作，增加你的幸福感。

书中的每一种方法都旨在提升你的生产力、绩效和工作结果，使你在各个方面更出色。其中的许多观点同样适用于你的个人生活。

这21种方法和技巧自身都是完备的，但每种方法都是时间管理所必须掌握的。某一种策略可能在某种情境下有效，而其他策略可能适用于其他任务。这21种方法汇总在一起，供你自助式取用，你可以在任何时间、工作或顺序中使用这些技巧。

成功的关键在于行动，这些原理可以帮助你快速地实现个人绩效的增长，完成可预测的结果，你越快掌握这些技巧和原理，并把它们运用在实际的工作和生活中，你在职业道路上就会进步得越快，比别人更早地突破职业天花板。

当你学会"吃掉那只青蛙"之后,你的成就将不可限量!

> 博恩·崔西
> 加利福尼亚索拉纳海岸
> 2006 年 10 月

引 言

我们正处在一个黄金时代。在这个时代下，我们通过努力实现自己目标的可能性和机会，比以往任何一个时代都多；在这个时代下，我们被生活中不计其数的选择所淹没，这也是前所未有的。事实上，由于每个人可以做的事情太多，那么做出选择、决策的能力将成为决定你人生成就的重要因素。

如果你像大多数人那样去做事，就会被各种琐事淹没，而且你的时间永远都不够用。在你拼命做完手头这些工作的时候，新的任务和更多的职责又像潮水一样，源源不断地向你涌来。因此，你永远没有足够的时间去做完所有的事情，永远都在各种任务和职责之间忙于应付、疲于奔命，而且前面还有更多的任务和职责在等着你。

做出正确的选择

鉴于上述情况,与其他的能力或技巧相比,随时选择对你而言最重要的任务,并迅速地、保质保量地完成这些任务的能力,可能对你获得成功更加重要。在我们所处的这个时代尤为如此。

如果一个普通人习惯于把事情按重要程度依次处理,并且迅速完成最重要的事情;而一个天才总是夸夸其谈,制订各种美妙的计划,却很少把这些计划付诸实施,那么,假以时日,普通人的成就会远远高于这个眼高手低的天才。

吃青蛙的真相

曾经有一句谚语说的是,如果你每天早上醒来做的第一件事情是吃掉一只活的青蛙,你就会欣喜地发现,在这一天接下来的时间里,将没有什么比这个更糟糕的事情了。

这只"青蛙"就意味着你最艰巨、最重要的任务。如果你不对最艰巨的任务立刻采取行动的话，很可能你会因为它耽误很多时间。吃掉你的"青蛙"也可能会对你目前的生活产生最大的积极影响。

吃青蛙定律

> 如果你必须吃掉两只青蛙，那么要先吃那只长得更丑陋的。

换个说法，如果你面临两项都很重要的任务，那么你应该先处理更艰巨、更困难、更重要的那一项。你要训练自己，养成立刻行动的习惯，而且对每一项任务都要做到有始有终，完成一项工作之后再做另外一项。

你要把"青蛙"看作一项"测试"，作为一项自我挑战。在处理事情的时候，要抵制先易后难的诱惑，不断地提醒自己，你每天要做的最重要的决定之一，就是你要立刻完成哪件事，而后完成哪件事。

吃青蛙定律

> 如果你要完全吃掉一只活青蛙，却只是一直坐在那里盯着它看，看得再久也无济于事。

改善业绩、提高工作效率的关键在于，每天早上要做的第一件事情，就是对你来说最重要的那件事情，要把这一习惯维持终生。你必须养成在做其他事情之前，就不假思索"吃掉那只青蛙"的习惯。

迅速采取行动

一项对优秀职场人的研究表明，那些薪水丰厚、总能迅速升职的人，"马上行动"是他们做每一件事最显著、最一致的共性。这些事业成功、做事高效的人总是直奔最重要的工作，然后一心一意、持之以恒地去做这项工作，直至全部做完为止。

"只说不做"是组织内部存在的最大陋习之一。许多人把行动与成就混淆在一起。他们总是夸夸其谈，没完没了地召开会议，制订各种了不起的计划，却没有做具体的工作去实施那些美好的计划，因此，这些计划永远只能是镜中花、水中月。

迈向成功的习惯

一个人成就的大小取决于他做事情的习惯。分清轻重缓急、克服拖延、先处理最重要的事情，是一种身心相互协调的技能。要想培养这一技能，可以通过实践来学习，然后不断地重复，直至它在你的潜意识中深深地刻下烙印，并成为你永久行为的一部分。一旦让行为变成习惯，做起来就自然而然、轻而易举。

这种优先处理完重要任务的习惯会给你带来立竿见影的好处，也可能是持续性的回报。在这种习惯的带动下，你的身心将获得一种积极的能量。它会让你感到心情愉快，让你获得成就感。

无论你完成一项任务的大小、重要程度如何，你完成它的时候，一定会感到精力充沛、热情高涨，内心充满了自豪感。你完成的工作越重要，你会越满足、越自信，会对自己和所处的世界充满成就感。

一项重要任务的完成，会使你的大脑中释放出内啡肽（endorphin），内啡肽的产生会带给你一种很

"high"的感觉。伴随着完成一项工作而释放出来的这种物质，你会更加积极、有风度、自信、富有创造力。

打造正能量加速器

这部分的内容包含人们所谓的"成功的奥秘"。事实上，你可以自己打造一种"正能量加速器"刺激大脑产生内啡肽，从而触发大脑中清醒、自信、有能力的自我感觉。一旦你打造出这种正能量加速器，你就会下意识地用这种方式来安排自己的生活，你会不断地去启动和完成那些更重要的事情和项目。你会逐渐对这种习惯上瘾，会对事业的成功和做出的贡献上瘾，持续拥有正能量的感觉。

想拥有幸福的生活、成功的事业和良好的自我感觉的关键之一，就是完成重要的工作。当你按照这一习惯去践行的时候，你会发现，任务没有完成，你不会有任何收获，相反，把任务做完却会让你轻轻松松得到力量。

成功无捷径

你一定听说过这个故事：有人在纽约的大街上拦住了一位音乐家，问他怎样能在卡内基音乐大厅演出。这位音乐家回答道："老兄，要练习，再练习。"

任何技能都是熟能生巧。幸运的是，人的思维像肌肉一样，通过反复使用会变得更加强壮、更加灵活。你认为需要学习的行为或必须养成的习惯，都可以通过练习建立起来。

养成 3D 好习惯

为了养成专注的习惯，你需要具备 3 种品质：决定（decision）、自律（discipline）和决心（determination）。这些品质都可以通过后天的学习获得。

首先，下定决心养成做事有始有终的习惯。其次，约束自己反复练习那些想要学习的原则，直至完全掌握为止。最后，无论做什么事情，都要坚定不移，直至养成这种习惯，并使之成为你性格中不可分割的一部分。

你能看到什么样的人，你就会成为什么样的人

要想更快成为你理想中的高效能人士，这里有一种特殊的方法。你可以不断地在大脑中想象：你已经是一个踌躇满志、马上行动、处事果断、专注的人，你的回报和收益将会如何。你要经常把自己想象成为一个挑大梁的人，而且总是能够迅速而又圆满地完成你的各项工作。

在大脑中为自己勾画的蓝图，会对自己的行为产生至关重要的作用。因此，一定要把自己想象成为你理想中的人。你在内心为自己刻画的形象，以及你对自己的评价，在很大程度上决定着你的外在表现如何。你能看到什么样的人，你就会成为什么样的人。

事实上，每个人学习新技能、培养新习惯、挖掘新能力的潜力都是无穷的。如果能通过反复练习，培养自己克服拖延、迅速完成最重要任务的习惯，你就将进入工作和生活的快车道，踏上成功的加速器。

吃掉那只青蛙！

第1章

明确目标

为了获得成功,一个人必须具备这样的素质,即拥有明确的目标,知道自己想要得到什么,同时拥有实现这一目标的强烈愿望。

——拿破仑·希尔㊀

㊀ 拿破仑·希尔(Napoleon Hill,1883—1969),全世界最早的现代成功学大师和励志书籍作家,曾经影响两任美国总统(伍德罗·威尔逊和富兰克林·罗斯福)及千百万名读者。曾著有《思考致富》,中文版已由机械工业出版社出版。——译者注

首先要确定你在生活中的每个领域要达到的目标是什么，然后再决定把什么作为你要吃的"青蛙"（frog）。拥有明确的目标或许是个人生产力领域最重要的概念了。其中一个很重要的原因就是，有的人非常明确自己的目标和现实情况是什么，他们在努力的过程中从不偏离目标，从而完成更多的任务。一个人对自己的目标越明确，对实现目标的步骤越清晰，就越容易克服拖延的弊病，吃掉青蛙，并完成眼前的任务。

茫然、思维混乱、态度模糊……比如一个人不知道自己应该做什么、应该先做什么后做什么、为什么做这些事情，都是造成他拖延和缺乏积极态度的主要原因。只有积极地寻找更明确的目标和任务，才能克服这些常见的问题。如果一个人对自己想要什么非常明确，他会更清楚地知道如何才能实现自己的目标，会更容易克服拖延的弊病，实现目标。

吃青蛙定律

> 把目标写在纸上。

研究表明：大约只有3%的成年人拥有明确的目标，并把目标用书面化的方式记录下来。但在受教育程度和能力相等的条件下，那些写下自己目标的人，比没有写下自己目标的人的成就高出5~10倍。

有一个方法对设定并实现自己的目标非常有效，你也可以在自己的生活中运用这一方法。该方法包括7个简单的步骤。如果你现在尚未使用这些方法，那么，尝试着使用其中任何一个步骤，都会使你的工作效率提高2~3倍。许多人在参加过我的培训课程之后，立即把这7个简单易行的步骤付诸实践，然后在接下来的几年时间之内，甚至几个月之内，实现收入的大幅提升。

第一步：明确你究竟想要什么。你可以自己决定自己究竟想要什么，也可以和你的领导坐下来，就你为自己设定的目标进行讨论，直到你彻底弄清楚自己应该做些什么，应该按照什么顺序来做这些事情为止。令人难以置信的是，很多人都在日复一日地做着那些毫无价值的工作，因为他们从来没有就此与他们的领导进行过认真地探讨。

吃青蛙定律

> 最糟糕的利用时间的情形之一，是把根本不需要做的事情做得很完美。

史蒂芬·柯维曾经说过这样一句话，"在你开始攀登成功的阶梯之前，首先要确定你的梯子没有搭错地方。"

第二步：把你的目标写下来。也就是说，将你的想法付诸笔端。一方面，当你把目标写在纸上以后，你为自己制定的目标就清晰化、具体化了。你为自己创造了一个能看得见、摸得着的东西。另一方面，如果一个目标没有以书面形式记录下来，那么它就只是一个愿望和一个空想，没有任何生命力。没有以书面形式记录的目标将导致模糊、混乱、毫无方向，还会引发数不清的错误。

第三步：为你的目标设定一个完成的最后期限；在必要的情况下，设定出子目标的期限。一个目标或者决定如果没有应该完成的最后期限，就没有紧迫性，没有真正的起点和终点。如果没有一个最后期限，以及相应的应该完成的任务清单，你做起事情来就会不由自主地拖延，工作效率自然也就非常低下。

第四步：为了实现目标，把你能想到的、所有要完成的事项都列在一个清单上。只要你一想起新的事项，就添加到清单上。然后不断地完善这份清单，直到把所有事项罗列完整为止。这样的一份清单能够将你的目标和任务具象化。它为你提供了一条行动的轨迹。这会有效地提升目标完成的可能性，因为你已经在日程表上规定了每一步的行动。

第五步：进一步梳理整份清单，使之成为一份计划。根据优先级顺序来整理计划。请你花一点时间，决定什么事情要放在其他事情之前做，什么事情应该先做，什么事情可以往后放。这里还有一个更有效的方法：你需要在一张单页纸上，把计划中的任务用一系列具象的方框或圆形的流程符号表示出来，然后用直线和箭头把每个任务连接起来，标明相互之间的关系。当你按照这种方式把你的目标分解为一个个具体的任务之后,你会惊讶地发现,实现目标变得简单多了。

与那些只在脑海中制定目标的人相比,如果你使用了书面化的目标和组织有序的行动计划,你的生产力会比他们高得多。

第六步:根据计划马上采取行动。你应该马上做点什么事情,做什么都行。即使这个计划平淡无奇,只要你充满激情地按照计划执行,就好过制订一份出色的计划,却无任何行动。不论你想达到怎样的成功,执行力都是一切。

第七步:每天解决一部分问题,向前推进主要目标的实现。你需要在每日行动表中列出一天的活动。比如,针对某个关键性的主题,你来决定每天读几页文章;也可以是你每天拜访一定数量的现有的或潜在的客户;也可以是每天做指定强度的体能训练;还可以是背诵一定数量的新单词。无论做什么,你都不会荒废每天的时光。

日复一日地行动、向前推进。你一旦开始行动,就要持续地行动,不能在中途停下来。一旦做出决定,就要在目标的实现过程中形成自律,这样可以显著地提升你达成目标的速度,成倍地提升你的个人生产力。

书面目标的魔力

明确的书面目标对你的思想有不可思议的影响力。它能激励你不断地采取行动,它能像其他要素那样,激发你的创造力,释放你的能量,帮助你克服拖延症。

目标是"成就"这座大熔炉中的燃料。你的目标越长远、越明确,在你越来越接近目标的时候你会愈发充满激情。你对自己的目标思考得越严密,实现目标的内在动力和欲望就越强烈。

每一天,你都要反复思考并检查你制定的这些目标。每天早晨,从当下最有助于实现你最重要目标的最重要的任务开始工作。

吃掉那只青蛙

1. 现在就拿出一张纸来，列出你明年最想实现的10个目标。在写下这些目标的时候，设想着明年已经过去，这些目标已经实现。

用第一人称、现在时、积极的语气来写，这些目标就能立即进入你的潜意识。例如，你可能会写，"我每年赚 X 美元"，"我的体重 X 磅"，或者"我开哪个品牌／哪一款车"。

2. 然后，检查你前面列出的10个目标，并从中挑出一个，设想一下如果这个目标实现了，就会对你的生活产生最大程度的积极影响。无论这个目标是什么，都把它写在另外一张纸上，给这个目标设定一个实现的最后期限，然后制订一份计划，并针对计划采取相应的行动，而且坚持每天都做一些有助于你实现这一计划的事情。坚持去做，这项练习会改变你的生活。

第 2 章

制订计划

通过计划把未来变成现在,这样你就可以未雨绸缪。

——阿兰·拉金(Alan Lakein)

你一定听说过一个古老的问题,"怎样才能吃掉一头大象?"答案是,"一口一口地吃!"

同样道理,你怎样才能吃掉你那只最大、最丑陋的青蛙?当然是用同样的办法。也就是说,把我们要做的事情逐步分解为一系列的行动,然后从第一步开始着手做。

你在脑海中思考如何行动,制订出计划并做出决定,是你克服拖延、提高生产力的最有效的手段。这些行动可能包括明确目标、制订计划、采取行动,所有这一切会决定你的生活轨迹。对如何行动进行思考,并进行周密计划的过程会释放你心智中的潜能,激发你的创造力,增强你精神和身体的力量。

如果不这样做,结果会如亚历克·麦肯齐(Alec Mackenzie)说的那样,"不谋而动,是所有失败的原因"。

在采取行动之前制订计划的能力,是你衡量自身综合能力的一个基本标准。计划制订得越周密,你就越容易克服拖延、迅速行动、吃掉青蛙,并能不间断地保持行动的状态。

提高回报率

你工作的首要目标,应该是尽可能从你的脑力、体力和感情投资中获得最高的回报。据观察,每拿出一分钟制订计划,在行动时将会节省出相当于制订计划 10 倍的时间。所以,每天你只要拿出 10~12 分钟来制订计划,就能节省出将近两小时的时间(约为 100~120 分钟)。

我们常说的 6P 原则也证明了这个道理,"提前做适当的准备,能够避免表现不佳"。

当你发现认真做计划对于提高每一天的工作效率、提升业绩的帮助有多大以后,你还会发现能这么做的人实在寥寥无几,这是非常遗憾的事实。然而制订这样的计划实在是再简单不过的事情。只需要一张纸和一支笔,你就能完成计划的制订。不管你是借助最先进的掌上电脑、最复杂的电脑程序,还是借助时间管理器来工作,原理都是一样的:在开始工作之前先坐下来,把你要做的每一件事情都逐条写出来。

每天节省出两小时

无论你准备做什么,都应该先列出一份清单。每次想到什么新的事项,在开始做之前都先把它加在清单上。如果你一直坚持先列出清单再开始工作,那么,从一开始你的生产力就能提高 25%,相当于每天节省出两小时。

当前一天的工作结束以后,要开始制订第二天的计划。把尚未完成的事项、需要在第二天完成的事项,都写在第二天的计划上。当你在前一天晚上制订了计划之后,即使你入睡了,你的潜意识也会围绕这个计划转。通常情况下,当你第二天早上醒来时,你的脑海中就会涌现出灵感,从而使你能更快、更好地完成工作。

在制订必须完成的工作计划上,你提前花费的时间越多,你的工作效率、工作的有效性就越高。

目标不同，计划不同

你需要针对不同的目标制订不同的计划。首先，你必须拟订一份总计划，在这份计划上，你把能想到的、未来能做的每一件事情都写下来。在这份总计划上，你要写下脑海中想到的所有任务以及相应的职责。之后你可以对计划中的事项做进一步整理。

其次，你应该在每个月月末，为下一个月要做的工作制订一份每月计划。其中的某些事项可以是从总计划上分解到这里的。

再次，在每周工作开始前，你要提前制订一份每周计划，来计划一周的工作。每周计划是基于你对整周工作的统筹而制订的。

这种系统化的时间安排训练对工作非常有帮助。许多人告诉我，他们每个周末结束前，都会花费一两个小时来做一下未来一周的工作计划，这已经成为一种习惯。这种习惯极大地提高了他们的生产力，并彻底改变了他们的生活。这种方法也适用于所有人。

最后，你应当把每月计划和每周计划上列出的事项分配到每日计划上，在每日计划上写出你在第二天需要完成的所有工作。

当你在白天工作的时候，每完成一项工作，就把那些已经完成的事项从每日计划上勾掉。这样你每天的计划完成情况就清晰可见了。这能让你产生成功的喜悦，并激发你前进的动力。当你看到清单的执行情况，发现自己在不断地取得进步，这会激发你的自信和自尊。持续、可见的进步能够促使你不断进步、克服拖延。

为项目制订一份计划

不论你要完成什么项目，都应该在行动之前先制订一份计划，在这份计划上把你要完成的工作、所需要执行的每一步工作都写下来，然后根据它们的重要程度安排先后顺序。你可以把这份计划写在一张纸上，放在自己面前，也可以输入电脑，这样能方便你随时看到。接下来，就要按照计划一步步地执行。每次都按照这种方法来工作，你会惊讶地发现，自己的生产力将有大幅度的提高。

当你按照拟定的计划安排工作时，你会发现自己的工作效率越来越高，随之而来的是，你的自信心也越来越强。你会慢慢发现，生活完全在自己的掌握之中。久而久之，你就会不自然地想要做更多的事情。你对工作的思考会越来越完善，也越来越有创造力，你会有更深刻的洞察力，从而能够更迅速地完成自己的工作。

当你按照计划稳步向前推进工作时，自然而然地，你会产生一种前进的驱动力，从而克服拖延。这种驱动力将促使你整日精力充沛，一直保持着很高的工作热情。

个人高效能工作的最重要的法则之一是 10/90 法则，即整个工作的前 10% 的时间用于制订计划、组织工作，那么在实际完成工作的过程中将节约 90% 的时间。你只要尝试一次，就能证明该法则是否有效。

如果你能把每一天的工作提前计划好，你将发现工作的进展会非常顺利，并且会持续、积极地向前推进。所有工作将会比以前推进得更快更顺畅。你也会对自己更有信心，变得更有动力。自此，你做任何事情也会比预想的更快，结果更圆满。

吃掉那只青蛙

1. 从今天开始,你要对每个月、每一周、每一天的工作提前制订计划。请拿出一个记事本或一张白纸(也可以用你的电子助手或手机上的软件),把未来24小时内要做的所有事情都列在上面。当你随时想起需要添加的事项时,就把它们写进去。把所有关系到你未来的重大项目写下来,放在一个单独的清单里。

2. 把每一项主要目标和任务都写在计划上,然后根据优先级和时间顺序,把最重要的和需要最早完成的排在前面。然后安排次重要的,并以此类推。最后以计划的终点倒推工作的起点。

把你的想法都写在纸上!无论做任何工作,都先列出一份计划。这样做了之后,你会发现自己的生产力迅速提升,吃掉那只青蛙也变得更加容易。

第 3 章

将 80/20 法则用于你的所有任务

只要我们能善用时间,就永远不用愁时间不够用。

——歌德(Johann Wolfgang Von Goethe)

80/20法则是时间管理与生活管理方面最有用的概念之一。它刚被提出的时候,也被称作"帕累托法则",这一法则是由意大利经济学家维尔弗雷多·帕累托(Vilfredo Pareto)在1895年首次提出的。帕累托在他的著作中提到,在他当时所处的社会中,人自然地分成"极重要的少数人",他们是处于社会上层的20%的优秀分子,无论是财富还是社会影响力都在整个社会中占有举足轻重的作用;剩下的是"不重要的多数人",这些人是处于社会底层的80%的普通人,财富和社会影响力微乎其微。

后来帕累托进一步发现,实际上所有的经济活动都遵循着这一法则。比如,该法则指出,在一个人的活动中,20%的重要活动贡献80%的成果;在一家企业中,20%的重要客户贡献80%的销售额,20%的重要产品或服务能赚取80%的利润，20%的重要任务产生80%的价值，等等。照此推断，如果你列出的计划中包括10个要完成的项目，那么其中主要的两个项目产生的总价值，会比其他8个项目产生的总价值高出5～10倍，也可能更多。

任务的数量 vs 任务的重要性

有一项很有趣的发现。在10项任务中，完成每项任务需要的时间大致相同。但是，这些任务中的一项或两项产生的价值是其余任何一项任务的5倍，甚至10倍。

通常来讲，如果在一张项目计划上列出10项任务，其中一项你必须完成的任务远比其他9个剩下的任务更有价值。那么这项任务就是你应当最先吃掉的青蛙。

你是否能猜出一般人最容易拖延的是什么任务？事实上调查显示的结果很糟糕，很多人的拖延清单中最多的就是能产生最大价值的最重要的10%～20%的项目，这些项目是"极重要的少数"。人们忙碌于那些不重要的80%的项目部分,在对回报没有太大影响的"不重要的多数"工作上花了很长时间。

关注重要活动

你常常能够看到有的人终日忙忙碌碌,但几乎看不到工作的结果。这几乎可以全部归因于:他们忙碌的是一些低价值的任务,但对某项重要的活动却一再拖延。如果他们能又快又好地完成这些重要的活动,无论对公司还是他们个人的事业都会产生实质性的、重大的影响。

每天你能完成的最重要的任务通常是最艰难、最复杂的任务,但是,圆满地完成这些任务所带给你的回报和奖励也是巨大的。鉴于此,如果你还有最重要的20%的工作没有完成,你必须坚定地拒绝做重要性很低的那80%的工作。

当你开始工作前,首先要问问自己:"在我所有的活动中,这项任务属于最重要的那20%吗?"

吃青蛙定律

抵制诱惑,不被小事所引诱。

你要记住，不管你选择先完成什么任务，久而久之都会形成一种固化的习惯。如果你选择每天先做低价值的任务，你将很快养成先做低价值任务的习惯。这一定不是你希望养成或保持的习惯。

你要在一开始就处理重要的任务中最难的部分。一旦你开始处理最有价值的任务，你才会很自然地有兴趣继续往下做。如果你在思想上愿意为了有意义的任务来忙前忙后地工作的话，那么你会看到完全不同的结果。然后你要通过不断地以这种思维工作，进一步强化头脑中的这种意识。

自我激励

如果你在脑海中设想一下，开始完成重要的任务以及完成了重要的任务的场景，你就能以此激励自己，战胜拖延。事实上，完成一项重要的工作所需要的时间与完成一项不重要的工作所需的时间通常是一样的。区别是你完成重要的、有意义的工作能获得极大的成就感和满足感。然而，当你完成一项低价值的工作时，即使耗费了同样多的时间和精力，也只能得到很少的满足感，甚至一点满足感也得不到。

时间管理实际上也是生活管理、自我管理。事实上时间管理是在控制事件发生的顺序。时间管理就是控制你接下来应该做什么。其实每个人都可以自由地选择下一步要做什么。在重要和不重要的事情上做出选择的能力，是你在生活和工作中取得成功的决定性因素。

能够卓有成效地工作和具有辉煌成就的人总是磨炼自己，先开始做摆在他们面前最重要的工作。他们会强迫自己先吃掉最重要的青蛙，不管这个青蛙是什么。结果就是，他们取得的成就比一般人大得多，因此他们也比普通人快乐得多。这也应当成为你工作的方法。

吃掉那只青蛙

1. 制订一份计划,在上面列出今天你所有关键的目标、活动、项目、生活中的责任。有没有可能在这些任务中,最重要的10%~20%代表或可能代表了你80%~90%的结果?

2. 今天就来解决这个问题:对于可以改变你的人生和事业的少数活动,你应该花费越来越多的时间;对于不会影响你的人生和事业的低价值的大量活动,你花费的时间应该越来越少。

第4章

考虑效果

伟人之所以伟大,成功者之所以成功,是因为他们把全部的力量集中在一点上。

——奥里森·斯韦特·马登⊖

⊖ 奥里森·斯韦特·马登(Orison Swett Marden,1848—1924),美国《成功》杂志的创办人,被誉为美国成功学运动的先驱和伟大的成功励志导师。——译者注

优秀的思考者能够准确地预测一件事做了的结果和不做的后果。完成任何一项任务或活动的潜在后果，是你和你所在的公司决定一项任务是否重要的关键。用这种方法可以很直接地判断，一项任务是否应成为你接下来要吃掉的青蛙。

哈佛大学的爱德华·班菲尔德博士（Dr. Edward Banfield）经过50多年的研究得出了一个结论，他把这个结论称作长期时间观念（long-time perspective）。他发现那些成功的人士都是有长期时间观念的人，他的观点已经成为美国上升时期社会和经济流动性的一个最准确的预测指标。在美国或是其他社会中，成功大多与态度相关，而与家庭背景、教育、种族、智力、人脉的关联性不大。成功基于个人对于时间的态度，不论是工作还是生活，成功人士在做每天、每周、每月的活动规划时，都会用长期的观点去考量。

你对时间的处理态度、"投资回报期"会对你的行为和选择产生重大的影响。与没有长期时间观念的人相比，能够运用长期时间观念规划生活和职业前途的人似乎能对自己的时间和活动做出更好的决定。

吃青蛙定律

> 用长期时间观念的思维优化你做出的短期决定。

成功人士都明确地以未来为导向。他们能想到未来5年、10年、20年的目标，并据此分析目前所做的选择和活动，确保当下的选择和行动符合他们对未来的长期规划。

对时间的配置做出更好的安排

在工作中，如果你能明确地知道从长期来看什么是对你真正重要的，那么，你就能很容易地就短期活动的优先级做出更好的安排。

根据定义,从长期来看,能够带来发展前景的事情是重要的事情;几乎或根本无法带来长期发展前景的事情是不重要的事情。在开始做任何事情以前,你应当首先问自己:"完成某项任务或不完成该任务,会对未来的发展前景有什么影响?"

吃青蛙定律

> 未来的意义常常会左右目前的行动。

你对自己未来的目标越清晰,对你在当下所做的事情的影响就越大。一旦确立了清晰的长期目标,你就能参考目标评估目前的活动,并确保该活动符合你的最终目标。

用长期的时间观念进行思考

成功人士是那些懂得延迟满足感,愿意做出短期牺牲来追求长期高回报的人。与这些成功人士不同的是,平庸者是更多地考虑短暂的快乐并容易满足的人,他们几乎不站在长期角度上思考未来。

著名励志演说家丹尼斯·威特利（Denis Waitley）曾经说过："失败者常常言而无信，成功者总是言出必行。"失败者总是逃避苦差，但成功者却能朝着实现目标的方向勇往直前。

例如，提前到达公司，阅读工作专业领域的期刊，参加培训以提高自己的技能，集中精力完成工作中的高价值回报任务，所有这些加在一起，会对一个人的未来产生重大的、积极的影响。与此相反，在清晨最后一刻到达公司，上班时间看看新闻、喝喝咖啡、跟同事聊八卦，从短期来说可能是很愉快的，但是，从长期来看，这样做肯定会影响你的晋升，会令你无所作为，倍感沮丧。

如果一项任务或活动有着巨大的发展前景，那么你就应当把它放在高优先级位置并立即动手去做。如果某件事情不赶快做好的话，可能会产生巨大的消极后果，那么同样也要放在高优先级位置。对任何必须要做的事情，一定要下决心把它做好。

不断地鼓舞自己，激励自己。如果一项活动或行为会对你的生活产生重大的、积极的影响，那么一旦你清晰地锁定目标，就会不断地被激励，从而有动力克服拖延，并迅速把它做好。

然后，持续地启动、完成那些能对你的公司和未来产生重大影响的任务，你会集中精力、勇往直前。

时间的脚步不会停留。你只需明确针对某个目标，规划每周、每个月要做到什么程度，合理地安排时间即可。而最终你能达成什么样的目标，在很大程度上取决于你是否缜密地思考过短期活动可能产生的后果。

经常思考你做出的选择、决定和行为是否能产生积极的发展前景及对未来的影响，这是确定你的工作和个人生活中的优先级顺序的最好方法之一。

遵守强迫效率法则

强迫效率法则的详细解释是："时间有限，任何人都无法做完所有的事情。但只做那些以后能获得正面效果的工作，做与完成最大目标有关的工作，你的时间是足够的。"换句话说，你无法吃掉池塘里的所有蝌蚪和青蛙，但是在当下，你能吃掉最大、最丑陋的那只就够了。

当你临近项目或任务的截止时间时，所剩的时间已经不多了，你很清楚不完成关键任务或项目的后果是很严重的，意外的是，经常在项目截止前的最后一分钟，你就完成了。虽然你很早就启动了，但是却拖延到很晚才完成。你没有在限定的时间内逃避自己不愿意面对的部分，而放弃完成整个项目。最终你还是完成了所有工作。

吃青蛙定律

> 时间有限，任何人都无法做完所有的事情。

在今天的商业化时代，每个人，尤其是经理人的年龄趋向年轻化，每个人的工作量都要其发挥出110%～130%的工作能力才能完成。我们每天都要审阅堆积如山的文件，而且还要保证工作的顺畅运转。一项最近的研究结果显示，高管们平均有需要花费300～400小时的阅读材料和项目材料积压在家中和办公室里。

不要用理想主义去幻想领导能马上审批你的报告，事实上，你的材料要一直压在"待审批"的文件堆下面，除非你上报的项目是非常重要的职责部分。否则，交上去的报告要在"待审批"的文件堆中慢慢排队等待着被批复。

最后期限只是借口

很多人都说,他们在最后期限的压力下工作效果更好。然而,多年的研究结果表明,事实并非如此。[1]

一个人如果在最后期限的压力下工作,通常他会不由自主地拖延,也会承受更大的压力、犯更多的错误,比无压力状态下的返工率更高。通常,人们在紧迫的期限下会产生很多缺陷,导致成本上升,造成不必要的经济损失。

很多时候完成一件工作实际需要更长的时间,如果人们拼命赶进度,在最后一分钟完成了工作,可能赶进度的结果是还要推翻重来。不论你认为这个任务将要花费多少时间,都要在时间期限上把计划时间量扩充出20%,以便更好地完成工作。你将很惊奇地看到,你是如何轻松地完成这项工作的,而且完成得又准时又好。

有关生产力最大化的3个问题

如果你想专注地完成计划上最重要的任务,每次要问自己3个固定的问题。第一个问题是,"我的最高价值的工作是什么？"或者问，"我必须吃的那只最大的青蛙是什么？""它会给我所在的组织、我的家庭、我的生活带来最大的贡献吗？"

这是一个必须由你自己提问和回答的最重要的问题之一。那么，请你仔细地思考一下，你最有价值的活动是什么？然后，向你的领导、同事和下属、朋友和家人询问同样的问题。这个过程就像在照相前检查镜头的对焦一样，在你开始工作前，必须清楚自己最有价值的活动是什么。

接下来，你要问自己第二个问题："我只有把哪件事情做好了才会产生非凡的影响？"这个问题是由已故的管理大师彼得·德鲁克提出的。它是审视个人工作是否卓越的最有效的一个问题。你只有把哪件事情做好了才会产生非凡的影响呢？

这个问题会引导你找出只有你自己才能做的重要事务。如果你不去做，那么别人是无法完成这件事的。一旦你做了这件事，并且完成得很出色，将会对你的生活和职业生涯产生非凡的影响。那么，属于你的这只特殊的青蛙是什么呢？

在每天每个小时的时间单元里，你问问自己这个问题，找出特定的答案。你必须在找到明确的答案之后，再开始着手完成相关的工作。

你要问自己的第三个问题是："在此时此刻，对我来说最有价值的事情是什么？"换句话说："此时我最大的青蛙是什么？"

第三个问题是时间管理的核心问题。能否正确地回答这个问题，是一个人克服拖延、成为一个高效能人士的关键。在每天的单位时间内，你能完成的任务，决定了该时间段内你的最大价值。你要反复问自己第三个问题，要不厌其烦地一次次地重复问自己，不管答案是什么，都要不断地着手处理它。

坚持要事优先的原则。正如歌德说过的："最重要的事情永远最重要，不能被不重要的事情左右。"

这三个问题的答案越准确，你就越容易明确地设定优先级顺序，从而克服拖延，开始下一步的活动，将时间利用价值最大化。

吃掉那只青蛙

1. 回顾一下你的相关任务、活动、项目。不断重复地问自己:"在工作或个人生活中,我出色又及时地完成哪一项项目/活动,会给我带来极大的正向回报呢?"

2. 每天的每个小时,你要决定这个时间单元最重要的事情是什么,然后约束自己不断地将时间用在最有价值的工作上。思考下一步最重要的事情又是什么,如此循环。

不管接下来要做的工作是什么,都把它设定为一个目标,为此制订一项计划,并立刻行动去完成这项计划。记住歌德的那句名言:"只有找到能够吸引你、让你燃起内心激情的部分,并马上投入其中,你才能完成你的工作。"

第 5 章

学会说"不"

每天都抽出时间推进那些艰巨任务的实施。提前计划好一天的工作量,用最高效的时间完成最重要的工作。每天早晨先挑选出一些最紧迫的简单工作,继而直接开始完成大任务,专注地去做,一直到完成为止。

——《**董事会报告**》(*Boardroom Reports*)

创造性拖延是提高个人生产力最有效的技巧之一，它能够改变你的生活。

事实上，每个人都不可能做完所有的事情。你必须有选择地去延迟完成一些事情，一些简单任务不立刻去完成，而是创造性拖延。也就是说，有些事情必须向后拖延。选出一些较小、不太丑的"青蛙"，向后推迟一段时间再吃。把那些最大、最丑的"青蛙"安排在第一时间吃掉。先处理最艰难、最复杂的任务。

每个人都有拖延的本性。绩效完成出色的专业人士与那些业绩平平的人最大的区别是，他们选择拖延的对象有着根本的差别。

既然一个人无论如何都要拖延，那么你应该马上决定，推迟做那些低价值回报的活动。同时决定哪些是可以创造性拖延的、对你的人生没有多大贡献，甚至是毫无意义的事情，你可以把这些事情委派、授权给其他人去做，或不做。除去"小蝌蚪"的干扰，集中精力吃青蛙。

优先级高低之分

下面要讲的是重点部分。在你为工作设定优先级时，必须同步确定次优先级的工作。高优先级表示你要花费更多时间、尽早地去处理它，然而对于次优先级的工作，花费的时间要相对少一些，也可以推迟处理。

吃青蛙定律

> 当你不再去做那些低优先级的工作时，你的时间和生活才能完全掌握在自己手中。

在时间管理的词典里，有一个最有力的词——"不"。在不会造成双方误解的前提下，你可以彬彬有礼地对他人说"不"，而且一定要说得明白、清晰。可以经常使用这个词，把它作为时间管理方面的一个常用词汇。

沃伦·巴菲特（Warren Buffett）是全世界最富有的人之一，曾经在分享他成功的秘密时这样说道："成功的秘密非常简单，我会对当下不重要的事情直接说不。"

对那些在你生活和时间中优先级不高的事情，你要坚决说"不"。你可以优雅地拒绝别人，但是态度一定要坚决，避免违背自己的意愿，人云亦云。类似的情况下，要让对方在一开始就知道你是不同意的，而且通常情况下你都要表现出拒绝的态度。要时刻记住，你没有多余的时间可以浪费，就像俗语说的那样，"你的社交日程已经排得满满的了。"

为了处理新的工作，你必须先处理完之前的工作，或把之前的工作搁置。有得必有舍，开始一项新工作就意味着放下另一项。

创造性拖延是在你经过缜密考虑后，决定当下要做哪些事情。

创造性拖延

大多数人都会无意识地拖延，人们的拖延往往是没有经过周密考虑的结果。这会导致人们拖延工作量浩大的、高价值的、重要的任务，从长期来看，这些任务将对他们的事业和生活产生重大的影响。因此，你必须想尽一切办法，避免这些跟别人趋同的规律发生在你身上。

你的任务就是，对那些优先级低的任务进行拖延，从而可以腾出更多的时间来做那些改变你的工作和生活的任务。

不断回顾你所承担的义务和责任，确定哪些任务和活动要耗费大量时间，同时放弃它又不会给你带来什么实际的损失，对这些你可以直接放弃。你可以不断重复这种方式，不要停，一直用这个标准思考和权衡你的责任。

例如，我有个朋友，当他还单身的时候，他是个高尔夫球迷。每周都要打三四场，平均每场3~4小时。

几年以后，他开始做生意，还结了婚，有了两个小孩。尽管如此，他打球的习惯还是一点都没有改变，每周打三四场球。久而久之，他终于意识到，他打高尔夫球的时间过长，因而徘徊在家庭、事业之间，使他感受到了巨大的压力。后来，他只能每周极大地缩短打高尔夫球的时间，才使生活进入一种可控的状态。

把花费时间长的活动设定为次优先级

反复地回想在你生活和工作中从事的任务和活动，有哪些需要花费大量时间，你可以把它抛在一边。例如，你可以缩短看电视的时间，省出时间来陪家人、读书、做运动，或做一些能够提高生活品质的事情。

反复地回想你工作中的活动，确定哪些事情可以删减、授权给其他人去做，哪些事情可以直接取消，这样你就可以腾出更多的时间，来处理那些至关重要的事情。现在就开始使用创造性拖延，无论何时何地，都要确定哪些是次优先级的事情，可以推迟处理。这个决定本身就能改变你的生活，让你的生活可控。

吃掉那只青蛙

1. 在生活的各个方面，你都可以应用归零思考法（zero-based thinking）来思考问题。不断地问自己："如果我还没有开始做这件事情，而且我已经知道做完的后果，今天我还会如此这般再做一次吗？"如果答案是否定的，那么这件事就应该创造性拖延或取消。

2. 根据你目前的状况，重新审视、评估你工作和生活中的活动，挑出其中至少一项，立刻放弃，或者创造性拖延，直到你完成那些更重要的事情为止。

第 6 章

持续不断地练习使用 ABCDE 法

成功的第一定律是专注,是把所有精力聚焦在一点上,然后向着这一点的目标努力推进,不要瞻前顾后。

——威廉·马修斯(William Mathews)

在开始处理一项工作之前,你在制订计划、设定优先顺序方面投入得越多,你所做的事情就越重要,一旦开始工作,你的效率就越高。你所从事的工作越重要、越有价值,你克服拖延、全力投入该工作的劲头也就越足。

ABCDE法是一种极为有效的、设置优先顺序的方法,目的在于分清事情的主次。你每天都可以使用这种方法。这一方法虽然极为简单,但是却非常有效。

一边思考,一边把你思考的结果写在纸上

这一方法最大的优势就是它非常简单。它的运作机制是:先把你第二天要做的所有事情列出来并写在纸上。

然后,在你开始完成第一项任务之前,在每一个任

务前分别标上字母A、B、C、D或E。

标有字母A的任务是重要，且必须完成的事情，A类任务，表示一旦你完成它们，就会带来很明显的正向结果；但如果你没有完成，就会带给你非常大的消极结果。比如，拜访一位关键客户，或是为你的领导准备一份明天董事会的报告，这类任务都是你生活中的青蛙。

如果A类任务不止一项，那么你就应该在这些任务前分别用A-1、A-2、A-3等来标记所有的任务，而任务A-1就是你要吃的最大的、最丑陋的那只青蛙。

"应该做"还是"必须做"

B类任务是指那些应该做的事情，但是，如果你不做这些事情，那么后果并不十分严重。

B类任务是你工作和生活中的"蝌蚪"。换言之，如果你不做这些事情，可能会让一些人不高兴，或感觉不方便，但是，这些事情无论如何没有A类任务重要。这样的事情包括回一个不太重要的电话、短信，或浏览信箱里的电子邮件。

你要遵循的一个原则是，如果你的计划上还有A类任务没有完成，那么，决不要先去做B类任务。换言之，当你还有一只大青蛙要吃的时候，决不要先分心去吃一只小蝌蚪。

C类任务是做了大家都愉快，但是不做也没有人为此感到不悦的事情。这类任务包括给朋友打电话，与同事一起吃饭或喝咖啡，或是在工作时间里处理一些私人事情。这些事情对你的职业生涯没有任何积极的作用。

D类任务是可以授权给他人去做的事情。这里的原则是，你应该把所有他人可以做的事情授权给他人去做，从而把本应该做D类任务的时间留出来做A类任务。

E类任务是完全可以不做的事情，这些事情对你来说没有任何意义，比如，一件曾经对你重要，但是现在已无关紧要的事情。你通常是出于习惯或乐意去做，尽管它真的没有价值。

使用这种ABCDE的规划方法之后，你的生活和工作就会变得井井有条，能够有时间做更多意义重大的事情。

立即行动

要使这种方法发挥作用,你必须培养自己先处理标记为 A-1 的任务的习惯,这件事情做完之前,决不动手去做其他事情。运用你的意志力,全神贯注地做这件对你而言最重要的事情。你要一口气把这只青蛙吃完,不要有任何拖延。

如果你想获得更大的成就,那么拥有更强的自信心和自豪感,站在全局的高度考虑并确定 A-1 任务的能力就是跳板。

当你养成这种集中精力完成对你来说最重要的 A-1 任务的习惯之后,你的工作量会超过两三个人的工作量之和。

吃掉那只青蛙

1. 现在,回顾你的工作计划,然后在每一项任务或工作之前标上 A、B、C、D 或 E。选择标记为 A-1 的工作或任务,然后立即动手处理,切记必须在完成这项工作之后再开始做其他工作。

2. 在接下来的一个月,每天都练习使用 ABCDE 法来处理每一项工作。这样坚持一个月以后,你就会养成先处理优先级最高的任务的习惯,你的未来就会尽在掌握之中!

第 7 章

聚焦关键结果领域

当一个人全身心地去做一件事,这个过程中他解决问题的能力将成倍地增长。

——诺曼·文森特·皮尔(Norman Vincent Peale)

"我凭什么能拿到工资?"这是你的职业生涯中最重要的问题之一,你应该反复问自己。

事实上,职场中的大多数人并不清楚他们为什么能拿到工资。但是,如果你不清楚你的名字为什么会出现在公司的工资单上,不知道自己究竟应该完成什么工作,那么你就很难在工作中有卓越的表现,很难不断地获得升职、加薪。

简单地说,公司之所以雇用你,是需要你为公司完成一些具体的工作。工资是对你完成的满足一定质量以及数量要求的工作的回报,而这份工作与其他工作结合起来,应该能提供一种客户愿意购买的产品或服务。

每一项工作一般都可以分解为5~7个关键结果领域(key result area,KRA),超过这个数字的很少。这些结果是你想履行你的职责并对你的公司做出最大贡献所必须取得的结果。

关键结果领域，它是为实现企业整体目标、不可或缺的、必须取得满意结果的领域，是企业关键成功要素的集合，是对组织使命、愿景与战略目标的实现起着至关重要的影响和发挥直接贡献的领域。

关键结果领域是你工作成功所必须取得的结果。它是完全由你负责的工作领域。如果你不把它做好，那么没有人代替你完成。关键结果领域是在你控制下的活动。它是你工作的产出，同时也会成为别人工作的输入或有用的因素。

关键结果领域等同于身体的重要功能，诸如通过血压、心率、呼吸率和脑波运动显示出来的那些功能。缺少这些重要功能中的任何一项都会导致机体的死亡。同理，如果你在工作的任何一个关键结果领域失败了，那么你的工作将前功尽弃。

管理和销售工作中的 7 大要素

管理的关键结果领域是计划、组织、配备人员、授权、监督、检查和报告。在这些领域，管理者必须确保他职责领域内的结果成功。而销售工作的关键结果领域包括开发客户、建立关系网并建立个人信誉、了解客户需求、向客户推销产品、解答客户的疑问、达成交易、争取回头客并开发新客户。如果在上述任何一个领域中表现不佳，都会直接影响你的销售额，甚至会导致你销售生涯的彻底失败。

无论从事什么工作，你都必须掌握完成工作所必需的知识和技能。对知识和技能的要求是不断变化的。你只有提高核心竞争力，才能很好地完成你的工作。但是，关键结果领域永远是你工作的中心并决定你工作的成败。

你工作中的关键结果领域是什么？

明晰关键结果领域至关重要

提高生产力的起点是，首先搞清楚你工作的关键结果领域。你可以同领导讨论这些关键结果领域。列出你的产出责任并确保你的领导、同级和下级都同意你所列出的产出责任清单。

例如，作为一名销售，开发新订单是一个关键结果领域。这一活动是整个销售过程的关键。完成销售是另一个关键结果领域。执行销售会引起其他许多人进行生产与提供产品和服务的一系列活动。

对公司领导或总经理来说，通过谈判获得银行贷款是一个关键结果领域。聘用合适的人并委托合适的代理人也都是关键结果领域。对一位秘书或接待员来说，迅速有效地打印信函、打电话、引导来访者都是关键结果领域。人们完成这些任务的能力在很大程度上决定他们的薪酬水平和晋升机会。

明确自己的定位

一旦你确定了你的关键结果领域，第二步就是把你在这些领域的工作能力分成 1~10 共 10 个等级。哪个是你的强项？哪个是你的弱项？在哪些领域你能做得很好？在哪些领域你会做不好？

吃青蛙定律

> 你最弱的关键结果领域会影响你发挥其他技能的水平。

也就是说,你可能在 6 个关键结果领域都不错,但在第 7 个领域却不行,那么,你在第 7 个领域糟糕的业绩就会牵制你并决定你所有其他技能所能获得的成果有多大。你的弱项将影响你的工作效率,并且成为不断发生摩擦和挫折的根源。

例如,授权是管理者的关键结果领域。这一技能是管理者进行管理并通过别人去取得所需要结果的重要支点。一位管理者如果不善于授权就不能最大限度地发挥下属的其他技能。授权不当就会导致工作失败。

薄弱环节导致工作拖延

工作拖延的重要原因之一是,人们对他们以前干得不好的领域内的工作和活动总是采取躲避的态度。大多数人不是确定目标制订计划以增强这些弱项,而是采取回避态度,这只会使情况变得更糟糕。

事实上,每个人都有自己的强项和弱项。不要为自己的弱项找借口。相反,应当把它们搞清楚。确定目标并制订计划使自己在每个领域都很出色。想一想,你要把你的工作做得很出色,也许就差一种重要技能了。

事实是，人无完人，每个人都既有优势，又有劣势。不要为自己的劣势进行辩护，或拒绝承认该劣势。相反，要清楚地认识到自己的劣势在哪里，然后为自己设定一个目标，制订相应计划，来不断充实、完善自己，使自己在各方面都变得十分优秀。想一想吧，也许你只需要在一个领域内有所改进，你就能成为业内最出类拔萃的人。

一个重要的问题

有一个重要的问题你需要提出来并回答——"有什么技能是如果我掌握了并做到极致，就能够给我的事业带来最积极的影响？"

你应当用这个问题指导你今后的职业生涯。自己找答案，你很可能知道是什么技能。

可以就此问题请教你的领导、同事、家人。不管答案是什么，都先把它找出来，然后努力地提高你在这一领域的技能。

所幸，所有商务技能都是可以习得的。如果有人在某一具体的关键结果领域很出色，这本身就是一种幸运，证明只要你下决心去做，你就会变得很出色。

战胜拖延并且更快地做更多事情的最佳方法之一是，你要成为你的关键结果领域内绝对优秀的人才。这是你的生活和职业生涯中最重要的事情。

> **吃掉那只青蛙**
>
> 1. 找出工作中的关键结果领域。这些职责是什么？把它们写下来。找出自己在每个环节内的优劣势。然后，确定一种技能，如果你在这方面优势突出的话，那么它将对你的工作有极大的帮助。
>
> 2. 带着这张清单去拜访你的领导，并与他讨论清单上列出的工作。请他做诚实而中肯的评价。只有虚心听取他人提出的建设性意见，才能不断地完善自己并取得进步。此外，还要与你的同事、爱人进行探讨、交流。在你以后的职业生涯中，应该养成定期进行分析的习惯。不断强化这种习惯，这个决定本身就能改变你的生活。

第 8 章

遵守"3 个"定律

无论身处何境,倾你所有,尽你所能。

——西奥多·罗斯福(Theodore Roosevelt)

在你的所有工作中，只有3项核心任务对你的公司和组织最有价值。如果你希望在工作中有出色的表现，就必须明白这"3个"定律是什么，然后尽你所能地把它们做好。下面我先给大家讲一个真实的故事。

辛西娅曾经在圣迭戈参加过我的培训课程。在参加培训3个月后，她给大家讲了一个故事。她说："在我刚来参加这个培训时，你告诉我说能够让我在一年之内工资翻一番，同时闲暇时间也能翻一番。这听上去根本就不可能实现。不过，我还是想尝试一下。"

"参加培训课程的第一天，你让我列一份清单，把我一周或一个月之内要做的事情全部写下来。我一共列了17件事情，这些都是我职责范围之内的事情。我的问题是，我几乎要被自己的工作淹没了。我每天都要工作10~12小时，每周要工作6天。因此，我很难抽出时间来陪丈夫和两个孩子。但是，我对此却无能为力。

"在过去的8年时间里，我在一家高科技公司任职。这家公司发展得很快，可是，我总是有做不完的工作，时间也好像总是不够用。"

每天只做一项工作

辛西娅继续讲述自己的故事："当我按你的要求列出清单之后，接下来你问了我一个问题，'如果你每天只能做其中一项工作，那么哪一项工作对你的公司贡献最大？'

"这个问题很简单，我很快就把这项工作找了出来，并在上面画了一个圈。

"接下来，你又问我，'如果除此之外你只能再选择一项工作，那么哪一项工作对你的公司来说最重要？'

"我再次做出选择之后，你又问了我同样的问题，让我选择第3项重要的工作。

"接下来，你的一番话让我很吃惊。你说，'你对公司90%的贡献都来自这3项最重要的工作，无论它们是什么。你所做的其他所有工作都是辅助性或补充性的工作，这些完全可以交给别人去做，或少做一些甚至完全不做。'"

马上行动起来

辛西娅还在讲述自己的故事。"看着自己选择的这3项任务，我很快就意识到，这些是在公司里最能体现自己价值的事情。那天是星期五。在接下来的星期一的上午10点钟，我遇到了我的领导，并把我上周五的发现跟他探讨了一下。我告诉他，除了那3项最重要的任务，我希望其余的工作都交给别人去做，但是，要做到这一点，我需要他的帮助。我认为，只要我在工作时间内把自己的精力全部用在这3件事情上，那么，我对公司的贡献至少可以翻一番。接着，我又告诉他，如果我的贡献能翻一番，我希望公司付给我的工资同样能翻一番。"

辛西娅接着说道："我说完这番话之后，领导一句话也没说。他看了看我列出的清单，然后抬头看看我，然后再看一遍我的清单。最后，他终于对我说，'没问题。'当时，他身后的时钟显示的时间是10：21。

"接着,他对我说,'你说得没错。这些的确是你在公司里做的最重要的工作,也是你做得最出色的工作。我会安排别人做剩下的事务,这样你就可以全心全意做自己最擅长的工作了。如果你对公司的贡献能够增加一倍,公司会付给你双倍的工资。'"

改变你的生活

辛西娅最后说道:"领导的确说到做到。他把那些对我来说琐碎的、无关紧要的工作交给了别人去做,这样,我就能专心致志地做擅长的工作了。我也没有让他失望,在接下来的30天里,我完成的工作量翻了一番。公司也付了我双倍的工资。

"在此之前,我已经辛辛苦苦工作了8年;当我把自己的时间和精力全部放在最重要的3项任务上之后,仅仅用了1个月的时间,我的工资就翻了一番。我的改变还不止这些,以前我每天都要工作10~12小时。但现在,我每天从早晨8点钟工作到下午5点钟,晚上和周末的时间我都用来陪自己的丈夫和孩子。可以说,这个方法彻底地改变了我的生活。"

职场上最讲究的是"贡献"。对于一名职场人士来说,无论是经济上还是感情上的回报,都与自己所做的工作或贡献成正比。如果你想增加自己的收入,就必须提升你对于公司的价值。你必须为自己的公司做出更大的贡献。你所做的最重要的3项工作就是你的价值所在。

快速列出清单

在每期培训课程开始时,我都会让学员做一个练习。我给他们每个人发一张纸,然后告诉他们:"请你在30秒之内,把生活中最重要的3个目标写下来。"

通过这个练习我们发现,如果只给人们30秒钟让他们写下3个最重要的目标,他们的答案非常准确,结果跟经过30分钟或3小时思考的一样。他们在潜意识里好像进入了一种"超光速"状态,3个最重要的目标不假思索就进入了他们的脑海并被写在纸上,速度之快,经常让做这个练习的人自己都感到惊讶不已。

经过统计,我们还发现,80%的人的3个目标是一样的:第1个目标是经济和事业方面的;第2个是家庭或人际关系方面的；第3个是健康或身体方面的。当然，这个答案在我们的意料之中，因为这本来就是我们生活中最重要的3个方面。如果把每个方面又分为1～10的10个级别，你立刻就能知道自己哪方面做得还不错，哪方面还需要适当改进。你可以自己试着做一下这个练习，看看结果如何。你也可以让爱人或孩子来做同样的练习，答案一定会对你有所启发。

在后来进行的培训中，我们又把这个练习进行了扩展，包括以下一系列问题。

（1）此刻，在事业方面你最重要的3个目标是什么？

（2）此刻，在家庭或人际关系方面你最重要的3个目标是什么？

（3）此刻，在经济方面你最重要的3个目标是什么？

（4）此刻，在健康方面你最重要的3个目标是什么？

（5）此刻，在个人或职业发展方面你最重要的3个目标是什么？

（6）此刻，在社交方面你最重要的3个目标是什么?

（7）此刻，你面临的 3 个最重要的问题是什么?

如果你强制让自己在 30 秒之内回答这些问题，你的答案可能会让你自己都感到目瞪口呆。找到答案，它们都是你此时此刻生活状态的真实写照。这些答案会让你知道，生活中究竟什么对你最重要。

无论是制订自己的目标和计划，还是全心全意完成最能实现自己价值的工作，永远不要忘记，你的最终目标是生活幸福、健康、长寿!

时间管理是实现目标的方法

学习时间管理技巧的一个主要目的是，从现在开始，你可以去做那些真正重要的工作，并腾出更多的时间去做那些生活中能给你带来最大的幸福感和满足感的事情。

生活中有 85% 的幸福感来自与他人的和谐的关系，尤其是与那些和你关系最密切的人，以及家人的关系。决定你人际关系质量的关键因素是，你与爱人相处时间的长短。

学习时间管理的目的在于提高效率，这样你会有更多的时间去陪自己爱的人，有更多的时间去做那些能最大限度地给自己带来快乐的事情。

吃青蛙定律

> 在公司里，时间的质量最关键；在家里，时间的长短最重要。

工作时间要全身心地工作

如果你想保持生活的平衡，工作的时候就要全身心投入。进入公司以后，就抓紧时间，全身心地投入工作。上班比别人更早些，下班更晚些，工作时更努力些，不浪费工作时间。如果你把时间浪费在与同事闲聊或其他事情上，那么，为了保住自己的饭碗，你就必须想办法把这些时间补回来。

不幸的是，在你工作时浪费的时间越多，你陪伴家人的时间就会越少。因为时间一旦浪费，要么你必须留在公司加班，要么晚上下班后要把工作带回家里完成。如果在工作时间你的效率低下，那么，你不但给自己制造了不必要的压力，还会破坏自己在家人心里原本美好的形象。

平衡不是可选择的

有一句著名的谚语："凡事要适度。"你需要在工作和生活之间维持平衡。在工作中，你应该设置优先级，然后集中精力把高价值的工作做好。同时，你应该永远记住一个事实：提高工作效率的目的是与家人一起享受高质量的生活。

有人曾问过我这样一个问题："我怎样才能让工作和生活达到平衡？"

每当有人问我这个问题，我总是反问他："走钢丝的杂技演员怎样才能在钢丝上达到平衡？"思考之后，所有人几乎给出了同样的答案："他们一直在努力寻找平衡。"于是我对他们说："在工作和生活中达到平衡与走钢丝有异曲同工之处。你也必须不断努力，一个人永远不可能达到完美的平衡状态，只能朝着这个方向不断努力。"

你应该为自己设定这样的目标：工作时就全力以赴，只有把自己的工作做到最好，才能获得最高回报。与此同时，也要记得去"闻一闻路边鲜花的芬芳"。永远不要忘记你为什么要努力工作，也不要忘记你投入如此多时间换来的一切是为了什么。你和自己所爱的人共同度过的时间越多，你的生活就越幸福、快乐。

吃掉那只青蛙

1. 找出工作中最重要的 1 项任务。你可以问自己:"如果我每天只能完成 1 项任务,哪项任务对我的工作贡献最大?"然后重复两遍同样的问题。按照这种方法找到工作中最重要的 3 项任务之后,每天把所有的精力全部放在这 3 项任务上。

2. 确定生活中最重要的 3 个目标,然后根据优先级别进行排序。针对这些目标制订相应的计划,然后全力以赴去实现。持续几个月至若干年之后,你会为自己取得的成就感到惊讶。

第 9 章

做好充分准备再行动

不管与生俱来的能力是高是低,你的潜力永远大于你一生所表现出来的能力。

——詹姆斯 T. 麦凯(James T. McCay)

克服拖延、提高工作效率最好的方法之一，就是在开始工作之前做好充分准备。如果你的准备工作做得很充分，那么开始工作的时候你就会像满弓上的箭一样，蓄势待发，只需要一点点动力，就能着手处理最重要的工作了。持续几个月或若干年之后，你会发现自己的进步是惊人的。而你只需在启动高价值任务之前思考一下，就这么简单。

处理这样一只大青蛙，就像在做一顿大餐之前，先把所需要的配料都准备齐全一样。你应该先把所有的配料都放在面前，然后一步一步地把晚餐准备好。

你可以从清理办公桌开始，以便于你接下来一次只处理一件事情。如果有必要的话，你可以把所有需要的东西都放在地板上，或放在你身后的桌子上。

将所有与完成工作有关的信息、报告、详图、文件等资料收集在一起,全部放在手边,当你需要的时候,不需要起身或离开座位去找它们。确保你收集齐了所有的书面资料,包括登录信息、密码、邮箱地址,以及从工作开始到完成所需的都已经准备妥当。

为自己布置出舒适、方便、适于长期工作的办公环境。最重要的是,要给自己准备一把舒适的椅子,这样你可以把后背靠在椅背上,还可以把双腿伸直,把双脚平放在地板上。

创造舒适的工作空间

工作效率最高的人愿意花些时间为自己布置一个舒适的工位,让工作变成一种享受。在开始工作之前,你的工位越干净、越整洁,你就越容易启动手上的工作并专注于工作。

当所有的一切收拾妥当、干净且有序时,你会感到工作的过程是一种享受。

令人吃惊的是,有多少书没开始动笔,有多少学位没有结业,有多少改变人生的任务没开始实施,这些都是因为人们没有提前为迈出第一步做好充分的准备。

为梦想奋斗

当一切准备就绪,你就应该朝着自己的目标努力。现在就行动起来,不管你的梦想是从哪里出发,都要先开始做些什么。

我个人的做事原则是"只要大方向正确就行,然后边干边调整",反正车到山前必有路。不要奢望第一次就能把一切都做得尽善尽美,甚至不要奢望前几次就能做好。在事成之前,要做好反复失败的准备。

在通往成功的道路上,我们面临的最大障碍不是缺乏能力,也不是欠缺机遇,而是害怕失败、害怕被拒绝,以及由此产生的对自己的怀疑。克服这种心理的唯一办法就如爱默生所说的,"迎难而上,一切都会迎刃而解。"

著名曲棍球运动员韦恩·格雷茨基(Wayne Gretzky)曾经说过,"如果你不射门,那你100%没有机会。"一旦一切都准备就绪,而且你有信心迈出第一步,之后的一切就会迎刃而解。要想让自己充满信心,就要表现出信心十足、志在必得的样子。

迈出第一步

当一切准备就绪,你坐下来开始工作的时候,你要表现出工作效率很高的样子。保持笔直的坐姿,上身微微向前倾,后背不要贴在椅子的靠背上。你要把自己当成一个能干、高效、表现卓越的人。然后,拿起第一份资料并对自己说:"开始工作!"接着全身心地投入工作。一旦开始就坚持到底,直至完成这项工作。

吃掉那只青蛙

1. 认真地检查你家中和公司的办公桌,然后问自己:"哪个类型的人会在这种环境中工作?"你的工作环境越干净、整洁,你就会越积极、高效、自信地投入工作。

2. 下定决心,今天就把办公桌和办公室收拾得干干净净、整整齐齐,这样你会感觉每次都能高效地开始工作。

第 10 章

每次到达下一个油桶

只要一步一个脚印,坚持不懈地努力,即使是资质平平的人也能取得非凡的成就。

——塞缪尔·斯迈尔斯(Samuel Smiles)

有这样一句古老的谚语："一步跨过院子难如登天，一步跨一英寸[①]易如反掌。"

克服拖延最好的方法之一，是不要把自己面前的工作看作一个庞然大物。相反，一次只处理力所能及的一部分。吃掉一只大青蛙的最好方法之一，就是一口一口地吃。

中国古代思想家老子曾经说过："千里之行，始于足下。"这句话蕴含了极为有效的克服拖延、提高工作效率的哲学。

穿越撒哈拉沙漠

很多年前，我曾驾驶一辆破旧的路虎车穿越撒哈拉

---

① 1英寸=0.025 4米。

沙漠的中心地带塔奈兹鲁夫特（Tanezrouft），即现在的阿尔及利亚的偏远地区。那个时候，这片沙漠已经荒废了多年，原来设在沙漠里的加油站也已经空空如也，废弃了很长时间。

那片沙漠是方圆900平方千米的不毛之地，没有水、食物，寸草不生，甚至连一只苍蝇都没有。它一望无垠，就像一个广阔无边、直达天尽头、用黄沙铺就的大停车场。

在过去的很长时间里，曾经有约1 300人试图横穿这片沙漠，却中途死在沙漠里。流沙经常淹没前人的足迹，导致旅行者在夜里迷失方向，而后继的探索者无一生还。

为了解决这片沙漠没有任何指示标识的问题，法国人曾经用许多黑色的、容积为55加仑㊀的汽油桶来做标记，"每隔5千米安放一个汽油桶"，因为这个距离正好是人们横穿沙漠时视线所及的最远距离。再远处，沙路继续蜿蜒向前，无边无际。

白天，无论在哪里，我们都能看见两个汽油桶，一个是我们刚刚经过的，另外一个是5千米之外的下一个汽油桶。这就足够了。我们所要做的就是朝着下一个汽油桶不断前进。结果，我们仅按照"每次到达一个汽油

㊀ 1加仑＝3.785 411 8升。

桶"的目标，就穿过了世界上最大的沙漠。

每次完成一步

用同样的方法，你可以一步一步地完成生命中最艰巨的任务。你的任务就是向自己视线所能到达的最远的地方前进。这样，你就能越走越远了。要完成一项艰巨的任务，你必须实实在在地迈出第一步，而且能清楚地看到第二步。记住这个建议：

"大胆地前进，你会得到想要的！"

要想拥有完美的生活和辉煌的事业，就要专心致志、一次完成一个任务。这件事情高效、圆满地完成之后，再接着做下一个任务。

如果要实现经济自由，那么就要坚持每个月增加一部分储蓄，然后年复一年地坚持攒钱；如果你想拥有健美的曲线，那么就要日复一日、年复一年地坚持少吃、多锻炼。

只要你朝着自己的目标迈出第一步，然后一步一步、一次一个汽油桶地不断前进，就能克服拖延，取得卓越成就。

吃掉那只青蛙

1. 任意选择一个曾经被你拖延的目标、任务或项目,从现在就开始迈出第一步。有时候,要开始一件事情并不难,你只需坐下来,把所有必要的步骤都列出来就足够了。

2. 接下来,马上从第一步开始,一步一步、循序渐进地去做这件事情。最终你会惊讶地发现自己取得的成就非凡。

第 11 章

升级核心技能

所有成功都有共通的意义,无论你的任务是什么,坚持更多、更好地付出,都是确保你获得成功的不二法门。

——**奥格·曼狄诺(Og Mandino)**

"升级核心技能"是提高个人生产力的重要定律之一。也就是说,通过不断的学习,掌握必要的工作技能,从而出色地完成工作。

你越擅长吃某个特定类型的"青蛙",你就越容易投入并完成此项工作。

导致拖延的一个主要原因是在某一核心领域缺乏自信,或自己在能力上有所欠缺,认为自己不能胜任这项工作。只要在其中一个方面感觉自己难以胜任,你就会缺乏处理整个工作的勇气。

因此,你要不断提高自己的核心技能。记住,无论你今天做得多么出色,这些知识和技能很快都会过时。正如篮球教练帕特·莱利(Pat Riley)所说的:"不进则退。"

学无止境

在所有关于时间管理的技巧中,最重要的一条就是在自己的关键任务上能够做到精益求精。个人能力与专业能力的提升是节约时间的最有效的方法之一。你对自己的关键任务越精通,就越能激励你持续地高效工作。

你表现得越出色,你的热情就越高涨,精力就越充沛。如果你知道自己能够圆满地完成一项工作,那么你将发现,你会更容易克服拖延,更迅速、圆满地完成这项工作。在工作过程中,一条有益的信息或一种新增的技能能使你的工作情况大大改观。找出你所做的最重要的事情,然后制订一份计划,不断提高你在该领域的相关技能。

吃青蛙定律

> 在任何领域想要获得成功的最低要求是,要不间断地学习。

不要让任何一个方面的劣势或能力方面的缺陷妨碍

你的进步。任何一件事情都是可以学习的。别人能学会的东西，你也能学会。

在开始写第一本书的时候，我对自己感到十分沮丧，因为我不会盲打，只能看着键盘，一个字母一个字母地输入文字，所以打字速度特别慢。这样写了没多久，我就意识到，如果我想写一本300页的书并修改它，我就必须学会盲打。于是，我购买并在电脑上安装了盲打软件。在接下来的3个月时间里，我每天都花20~30分钟的时间练习打字。3个月以后，我的打字速度已经达到每分钟40~50个单词了。有了这项新增的技能，我又陆续写了40多本书。现在，这些书已经在全球出版了几十种语言版本。

令人高兴的是，为了提高生产力和效率，你可以尝试学习任意一种必要的技能。如果必要的话，那么你有可能成为某个领域的人才，如编程高手、优秀的谈判专家或伟大的推销员，你可以学习在大众面前演讲，学习娴熟地写作。这些都是你可以习得的技能，一旦下定决心要学习某种技能，就把这些技能的学习作为高优先级事项来完成。

成为大师的3个步骤

首先,每天至少阅读1小时,以了解行业最新动态。每天早晨尽量早一点起床,阅读30～60分钟的图书或杂志,其中应包含有助于你提高生产力和工作效率的信息。

其次,参加有助于你提高工作技能的每一堂课程和讲座。参加行业内的研讨会和专业会议。更不要错过任何高水平的培训和讲习。坐在前排认真做笔记,并购买活动的音频和视频资料,下决心把自己培养成业内知识最渊博、最有竞争力的人。

最后,一边开车一边收听你购买的音频资料。在美国,有车一族平均每年有500～1 000小时在路上开车。因此,你要学会把每天开车的时间利用起来,让它成为学习新技能的时间。如果你在开车的时候坚持收听专业内容,那么你就能成为业内最聪明、最能干、收入最高的人之一。

当你学得越多,知道得越多,你就会变得越自信,对自己的工作就越胸有成竹。你成长得越出色,能力就越强,在专业领域内的贡献就越大。

你学得越多，能学到的东西也就越多。就像你可以通过体能训练来强健自身肌肉一样，你也可以通过思维训练来提高自己的智力。除非你的想象力有限，你的前途将是无限的。

吃掉那只青蛙

1. 找出能够帮助你更快更好地实现目标的、最有效的关键技能。决定你必须具备哪些核心竞争力，这些核心竞争力能够在未来让你在专业领域脱颖而出。不管这些能力是什么，你都要设定目标、制订计划、开始构建和提升该领域的能力。在自己能力所及的范围内做到最好。

2. 为了出色地完成最重要的任务，你应该制订一项个人计划，让自己充分地做好准备。专注于那些你具有特殊天分，并且非常感兴趣的领域。这是打开个人潜能的钥匙。

第 12 章

找到最关键的限制因素

全身心地处理当前的任务。只有把太阳光聚焦到一个点上,才会让物体燃烧。

——亚历山大·格雷厄姆·贝尔(Alexander Graham Bell)

现实与目标、与理想之间存在着一个瓶颈。只有突破这一瓶颈，你才能实现自己的主要目标和理想。你必须清楚这个瓶颈是什么。是什么妨碍了你的进步？什么拖累了你实现自己目标的速度？什么决定了你从一个目标到另一个目标的前进速度？什么阻止或者影响你吃掉那只举足轻重的"青蛙"？为什么你还没有实现自己制定的目标？

在事业的发展道路上，你应该经常问自己这些最重要的问题：无论你做什么，总会有一个因素制约你实现自己设定的目标。你的任务就是定期对工作进行分析，找出限制因素，然后想方设法将其消除。否则，你很可能处处受到限制。

找出限制因素

任何一项任务，无论其规模大小，都会有一个因素制约着你实现目标或者完成工作的速度，甚至会让你举步维艰。这个因素是什么？无论答案是什么，你都要集中全部精力去解决关键领域的问题，这样你才能最有效地利用自己的时间和天赋，游刃有余地完成工作。

这个因素可能是某个人，因为你要获得他的帮助或需要他的决策，可能是你需要的一个创意，可能是公司内部的某个短板，也可能是其他原因。但是，这个限制因素总是客观存在的，你的任务就是把它找出来。

例如，做生意的目的就是不断开发并维护客户。只有拥有大量客户，一家公司才能够持续盈利，并不断地发展壮大。

在任何一家公司，都存在着一个制约发展的限制因素或者瓶颈。这个因素可能是公司的营销水平，可能是销售能力，可能是销售队伍本身；也可能是运营成本或生产方法；还可能是资金或成本运转方面的问题。一家公司能否获得成功，取决于竞争水平、客户或者目前的市场因素。上述要素中的任何一项，都将制约一家公司的业绩增长和盈利的速度，可以说只要一着失算，就会导致全盘皆输。

在任何一项工作中，如果能精确地找出那个限制因素，并且以后专心地解决该问题，那么通常就能在更短的时间里取得更大的进展。

运用 80/20 法则解决限制因素

80/20 法则同样适用于解决生活和工作中的各种限制因素。这表明限制和妨碍你实现自己目标的 80% 的因素来自内部。这些因素是你自身的原因造成的，比如，你的性格特征、能力、习惯、自律和竞争力等，也可能是公司和组织的原因造成的。

限制因素只有 20% 来自外部，这 20% 的因素可能是外部竞争、市场、政府决策等。

限制你的主要因素可能是某个不起眼的环节，或是只有在仔细观察后才能发现的因素。有时你要把流程中的每一个步骤都列出来，然后一一核对每个环节，这样可以确定是什么影响了你的进步。有时来自客户的差评或意见可能会影响销量的增长和整体销售进程。有时缺乏某种特色会影响整个产品的销售服务线的增长。

客观地对你的公司进行评价。观察领导、同事和下属，确认其中是否有限制公司发展、影响目标实现的因素。

从自身找原因

高效能人士经常对自己的劣势进行分析，首先他们会问自己："什么是制约我进步的内部因素？"他们能够勇于面对现实，承担一切责任，从自己身上寻找问题，并努力寻求解决之道。

找准原因，对症下药

只有准确地找出自身的限制因素，才能对症下药，决定用什么方法来解决问题。如果你没有找出这个限制因素，或对其判断有误、瞎打误撞，那么最终该解决的问题得不到解决，不该解决的反而解决了，结果只能是白费力气。

有一家大公司是我的重要客户，曾有一段时间这家公司的销量每况愈下。公司领导认为，他们的主要问题出在销售队伍和管理团队上。于是，公司斥巨资重组管理团队，并且对销售人员重新进行了培训。

后来，经过调查，公司领导发现销量下降的真正原因是：公司的会计错误地标高了产品价格，从而使公司在激烈的竞争中失去了优势。于是，公司恢复了原来的价格。之后，销量稳步回升，公司开始再次盈利。

每一个限制因素和瓶颈问题解决之后，新的问题又会不断涌现出来。无论是做早上按时上班的普通职员，还是做创建了自己事业的成功人士，都存在限制因素，它们都会影响你进步的速度。你的任务就是，及时找出问题，然后尽快解决这些问题。

每天开始工作的时候，先解决一个制约你工作的瓶颈问题，这会让你全天充满活力和感染力，从而能干劲十足地圆满完成工作。无论如何，限制因素总会存在。通常，这个因素就是你当时要吃掉的那只"青蛙"。

> **吃掉那只青蛙**
>
> 1. 现在就确定你生活中最重要的目标。这个目标是什么?一旦实现这个目标,是否会对你的生活产生极大的积极影响?你工作中的哪项成就会对你的职业生涯产生非常积极的影响?
>
> 2. 一旦明确了自己最重要的目标,你可以问自己这些问题:"是什么制约了我实现这个目标?为什么我还没有实现自己的目标?是什么制约着我的进步?"找到答案后,立刻行动起来解决这些问题。你想做什么都可以,但必须要行动起来。

第 13 章

自我设定压力目标

成功的第一要素是：必须全身心地做一件事情，决不能有任何懈怠。

——托马斯·爱迪生（Thomas Edison）

世界上有很多人，他们总是期待着有贵人相助，把他们变成理想中的类型。但问题在于，这样的救世主是可遇不可求的。

等待贵人的这些人，就像是在根本没有公交车经过的大街上等待公交车。因此，如果他们不对自己的人生负责，如果不对自己施加压力，那么就只能永远空等下去。大多数人就这样白白耗费着自己宝贵的生命。

只有约2%的人能在完全没有监督的情况下工作，这样的人可以说寥若晨星。我们称这些人为"领导"。只要你愿意，并且下定决心做一个能自我监督的人，那么你一定能成功。

为了完全发挥自己的潜力，你必须养成给自己施加压力的习惯，而不是等着别人来给你施加压力。你必须自己选择"青蛙"，然后根据优先级依次吃掉一个个青蛙。

成为业内的领军者

把自己看成别人仿效的典范,时刻做到以身作则。你为自己的工作和行为设定的标准应该高于别人对你的期望值。让自己早上上班更早,晚上下班更晚,白天工作更努力,把它当成游戏。此外,还要不断寻找超额完成任务的方法,不计回报地多做事。

心理学家纳撒尼尔·布兰登(Nathaniel Branden)把自尊和性格定义为"自己打造的信誉"。你成一件事、败一件事,都能提高或降低你的信誉。但是,无论何时,只要你督促自己全心全意地做一件事情,或者是你做到了其他人做不到的事情,都会极大地提升你的自信。

自己设定最后期限

有一个最好的办法能帮助你克服拖延:假设距离完成最重要的工作的最后期限只有一天。

每天都想象自己接到紧急指令,第 2 天你必须离开所在城市外出一个月。如果你必须外出 1 个月时间,离开之前你一定要完成哪些事情？找出答案，并立即着手去做完你该完成的任务。

另外，还有一个能给自己施加压力的办法。假设你因为业绩突出，公司奖励你外出度假一周，全部费用都由公司来承担，但是要求你必须明天就出发，否则这个机会就会转给别人。那么，走之前你必须先做完什么事情才能去度假？找到答案，然后立即着手处理这项工作。

成功者总能不断地给自己施加压力，一直表现出色。与此相反，失败者总是等着别人来指挥、监督自己，等着别人把压力施加给自己。

通过给自己施加压力，你能比从前更快地、更好地完成任务，你会成长为绩效高、个人效率高的人。你的自我感觉会越来越好，渐渐地，你会形成快速、高效工作的习惯，这将使你受益一生。

吃掉那只青蛙

1. 为自己的每一项任务和活动设定最后期限和各个阶段的最后期限。自己制定一个"强制系统"。不断提醒自己设定的最后期限,不让自己有丝毫的松懈。一旦设定最后期限,就严格执行,力争提前完成工作。

2. 在开始最重要的工作前,把你的每一个步骤都写下来,然后确定每一步需要用多长时间。在你一丝不苟地完成这些工作的过程中,让自己不断与时间赛跑,并尽量提前完成工作。可以把这个当作一项游戏,让自己胜出。

第 14 章

激励自己将理想转化成行动

在追求冒险、成功、创造性活动时,人们才能体验到超凡的乐趣。

——安东尼·德·圣埃克苏佩里
（Antoine De Saint-Exupéry）

为了有最佳的表现,你必须做自己的啦啦队队长。你必须养成习惯,不断训练自己、鼓励自己,从而让自己在人生的比赛中能一直发挥最佳水平。

无论是正面还是负面的情绪,你的大部分情绪都取决于你每时每刻与自己的对话。决定你的感受的不是你遇到了什么事情,而是你怎样看待这些事情。在很大程度上,你看待这些事情的方式,决定了它们是否能激励你,是让你干劲十足还是让你丧失信心。

为了不断地激励自己,你必须成为一位乐观主义者,必须以积极的态度面对周围的环境,应对别人的言行。生活中的挫折和困难是不可避免的,但是你决不能让这些影响到你的情绪。

控制你跟心灵的对话

你对自己的评价、自爱、自尊的程度，在很大程度上决定你工作时自我激励的程度，及能否坚持不懈地工作。你应该总是以乐观的态度面对自己，不断地增强自信。要像这样，经常对自己说："我喜欢自己吗？当然喜欢！"不断地重复这些话，直到你完全相信为止，并且言行举止应当像一个能力出众、处事果断的人。为了给自己提供持续的动力，克服怀疑、恐惧等情绪，你要不断告诉自己："我能做到！我能做到！"如果别人问你此刻感觉如何，你一定要告诉他们："我感觉棒极了！"

无论你的真实感觉如何，也无论生活中发生了什么事情，都一定要保持心情愉快，永不低头。正如维克多·弗兰克尔（Viktor Frankl）在畅销书《活出意义来》（*Man's Search for Meaning*）中所写的那样："人类的终极自由是在现有的任何一种环境中选择做自己的态度。"

不要向别人抱怨你有多大的问题，而是要把这一切都埋在心里。幽默大师艾德·福尔曼（Ed Foreman）曾经说过："永远不要把你的困难告诉别人，因为80%

的人对你的困难不感兴趣,而另外的20%的人也许会对你的遭遇感到幸灾乐祸。"

建立积极的态度

心理学家马丁·塞利格曼(Martin Seligman)在宾夕法尼亚大学进行了长达22年的研究,并在自己的《活出最乐观的自己》(*Learned Optimism*)一书中总结了他的研究成果。他认为,"乐观"的性格是事业成功、生活幸福的最重要的品质。几乎在生活中的方方面面,乐观的人的做事效率都更高。

乐观主义者有4个显著的特征,而这些特征都是通过反复实践学来的。

第一个特征,乐观主义者在任何情况下都会去看事情好的一面。无论出现什么状况,他们都会努力寻求有益的一面。

第二个特征,乐观主义者总是能从挫折和苦难中总结经验,吸取教训。他们相信,"困难的出现不是为了挡住去路,而是为了指明出路"。他们相信,每一个挫折和障碍中都蕴含着有用的教训,他们会从中吸取教训。

第三个特征,乐观主义者总是极力找出问题的解决方法。出现问题的时候,他们不是指责他人或不停地发牢骚,相反,他们总是尽自己的最大努力去寻求解决问题的办法。他们提出的问题是:"解决这个问题的方法是什么?我们现在应该怎么做?下一步应该怎么做?"

第四个特征,性格积极、乐观的人会不断地思考和谈论他们的目标。他们总是在思考自己究竟想得到什么,如何得到他们想要的。他们所想所说的是未来,是他们想要实现什么样的目标,而不是过去曾经得到过什么。他们总是向前看,而不是向后看。

如果你不断地可视化自己的目标和理想,并且总是以一种积极的态度重复地告诉自己,那么你就会更专注,精力更充沛;你会更自信,更具创造力;你会对自己的人生更有把握。

你的态度越积极,动力越足,就越渴望尽快开始工作,就越有决心坚持不懈地做下去。

吃掉那只青蛙

1. 控制自己的思想，让自己总是保持积极的态度。记住，你会成为你想成为的那个人，所以，只说你想说的，只做你想做的。

2. 勇于面对现实、承担责任，使自己保持积极的心态。无论遇到什么事情，都不要去批评、埋怨、指责别人。去改善，而不是责怪。集中思想和精力向前看，不要理会其他。

第 15 章

技术是一个可怕的掌控者

除了加快速度,人生还有更重要的事。

——甘地(Mohandas Gandi)

高科技可以成为你最好的朋友，也可能成为你最大的敌人。当我们要屈服于一种强迫性的需要，不断地与他人进行联系，科技就变成了敌人。这种强迫性，会让我们在心理上被压得喘不过气来。这样一来，我们没有时间思考，也没有时间停下匆忙的脚步，去闻一闻花园里玫瑰的芳香，理一理混乱的思绪。

你要有所选择

维系人与人之间关系的关键是让科技在可控的范围内。比尔·格罗斯（Bill Gross）在太平洋投资管理公司（PIMCO）管理的固定收益基金和债券的规模高达6 000亿美元，除了事业上的成功之外，他还有一个著名的习惯：每天都会关闭科技设备一段时间，坚持做有规律的锻炼；并且抽出一定的时间冥想，保持自我的内在中心。尽管做这些的时候，他关闭了所有的通信设备，但他从来没有错过任何重要的信息。

对你来说，要想做到冷静、头脑清醒、高效，就有必要远离某些现代化的通信设备；否则，一不小心你就会被它们淹没。一位研究员曾经调查过一群不受高科技设备左右的 CEO 和创业者们，发现他们有更好的记忆力、更深入的人际关系、更好的睡眠，以及更大的做出改变人生决定的可能性。[1]

当人们过多地依附于科技通信的手段时，科技会产生成瘾的破坏性作用。人们早晨起床后会不自觉地查看手机上的通知提醒，然后才肯下床。因为要在电脑上打字，他们甚至连早饭都没吃、水都没喝、牙都没刷，就快速地跑到电脑前！曾有一项研究结果显示，人们平均每 46 分钟会查看一下自己的智能手机。[2] 另一项研究表明，人们平均每天会查看 85 次手机，该研究显示："人们查看手机的频率是他们以为的 2 倍。"[3]

一定不能上瘾

不久前,我去华盛顿参加一个商务午宴,午宴现场来了一屋子执行官级别的高管。宴会开始之前,其中一个组织者站起来做了一个简短的饭前祈祷仪式。在这个过程中,每个人都低下头来一起做祈祷。仪式结束之后,宴会正式开始了。

但是,在我坐的那张桌子上,8个同桌的人里有四五个似乎还沉浸在刚才的祈祷中。他们依然低着头,双手放在自己的腿上,直到服务生把菜端上来还保持着这个姿势不变。他们似乎在思考当天会议上的一些问题。

后来我才反应过来,他们根本就没有做祈祷。事实上,他们在用自己的手机收发电子邮件。就像那些着迷于掌上游戏机的少年一样,他们的双手熟练地在小小的键盘上忙碌着,专注地收发信息,已经完全忘记了周围的一切,沉浸于收发信息,并且被这些信息所淹没。

找回属于自己的时间

我的一位客户在美国的19个州都有自己的分销商。

他发现自己已经被电脑束缚住了,因为他每天都要花好几个小时来收发电子邮件。他在电脑上花费的时间越多,完成的工作就越少。那些未完成的工作越堆越多,而且他的压力也像滚雪球一样越滚越大。巨大的精神压力已经开始影响到他的性格、健康状况甚至睡眠。

我教给他 80/20 法则,以及如何把该法则用于电子邮件的管理。他删掉并取消订阅了 80% 没有价值的邮件。在剩下的 20% 的邮件中,只有大约 4% 的邮件需要立即处理,其余 16% 的邮件可以放入行动文件夹里,留待以后处理。

不要成为高科技的奴隶

请把你自己从电脑前解放出来吧!取消订阅那些不必要的时事信息。设置一条自动回复消息,"每天我会定时查看两次邮件。当我看到您的消息后,会尽快回复。如有紧急事宜,请致电我的手机。"

最近,《财富》(Fortune)杂志的一位记者写到,当他结束为期两周的休假回到办公室之后,发现邮箱里有 700 多封电子邮件在等着他处理。他意识到,要看完所有的邮件，他要花上一个星期的时间，而且，在此期间，他将无法处理那些重要的事情。

于是，在他的职业生涯中，他第一次深深地吸上一口气，然后移动鼠标点了一下"删除所有邮件"按钮，永久删除了这些邮件。然后，他开始着手处理那些对自己和公司真正重要的事情。

他这么做的理由很简单："我意识到了这样一个事实，只是因为别人给我发了一封邮件，并不意味着他有权利占有我生命中的一个时间段。"尽管能够删除邮箱中所有邮件的人不多，但你完全可以删除和忽略比现在更多的邮件。授权你自己移除所有与重要目标和关系无关的邮件。

有人会告诉你

人们经常在我的课堂上问我，"难道你就没有被高科技所困扰，实时追踪新闻大事？"我是这样回答他们的，"如果真的有什么重要的新闻，一定会有人告诉你的。"很多人没有这种新闻产生的障碍，不可思议的是，他们并没有因此错过什么重大事件。你也应该像他们一样。

吃掉那只青蛙

1. 在日常生活中,给自己留出一部分独处的时间。每天上午和下午各安排一个小时,在这段时间里,把所有的通信设备都关掉。你会惊讶地发现,没有什么区别!

2. 每周都给自己安排一整天时间。在这一天里,不开电脑,不用手机,也不使用任何方式与外界联系。到一天结束的时候,你会发现自己的心灵异常平静,思路格外清晰。当你腾出时间重塑精神能量之后,你吃青蛙会更有效率。

第 16 章

技术是一名出色的仆人

技术仅仅是工具而已。

——梅琳达·盖茨（Melinda Gates）

你必须训练自己，把技术看作仆人而不是主人。技术进步的目的是让生活更舒适更简单，而不是制造复杂、混乱和压力。

通常来讲，如果要完成更多更高价值回报的工作，你必须舍弃那些更低价值的事情。你必须不断地问自己："什么是重要的？"对你而言，工作中完成什么任务最重要？在你的个人生活里，什么最重要？如果你只能完成一两项活动，这些活动会是什么呢？

你要利用技术工具周期性地提醒自己，什么事情最重要；并阻止自己去做那些最不重要的事情。技术可以转换一种简单的方式，让你控制好通信、时间，甚至你的情感。

掌控你的通信

你要像打扫自己的办公桌一样清理你的数字化工作空间。你需要停下手头每一个与完成任务无关的计划，关闭最能让你分心的那些网站。确保只有当你完成任务后，再打开那些的必要的通信渠道。大多数任务需要保持一部分通信，但如果一个人同时要兼顾20个不同路径的通信渠道，显然就过量了。当只有相关的信息显示在你的屏幕上时，你才能合理地安排你的任务，让它形成完美的工作流。

让自己作为智能手机的主人，关闭所有的通知提醒，包括声音和视觉的提醒。这是检查你的电话是否在你的掌控之内的重要一步，从而使你能够获得对生活的控制权。

遇到突发事件怎么办

职场人士都是上有老下有小，有的人还要照顾有残疾的亲人。在这种情况下，他们不可能简单地关闭手机上的通知，或者把自己完全从技术设备中剥离开来。

万一他们年迈的父母在浴室中突然滑倒，或者他们的小宝宝在日常的照料中遇到突发情况怎么办？

这完全是很实际的问题。然而解决方法不可能总是在所有的情况下，适用于每一个人。要么你可以设定一个电话号码、邮箱地址，要么设置其他通信渠道，只让你家老人或小孩的看护人知道。让这个渠道保持打开的状态，以应对突发事件的出现。

如果你有需要，也可以在工作中照搬这个方法。留给你的老板或关键客户一个能找到你的渠道，除了他们，这个渠道不会开放给其他人。你还可以从最重要的工作关系中，把领导发给你的邮件，自动分类到"优先阅读"文件夹中。

换句话说，你可以把自己的通信渠道分成若干部分，那么，谁持有青蛙，谁才能跳进你的通信城堡中。

掌控你的时间

你的时间表是一名非常出色的仆人，但却是一名糟糕的主人。它从不会自动点击并接受一个数字化的邀请。在你按下按钮前，先问问自己，这个邀请是否真的符合你的优先级?

将需要耗费大量时间才能完成的任务写到你的时间表上,就好像它们是你必须要参加的约会一样。当其他人看到你的时间表时,它会很强势地传递出这样的信息,你只有很小的一段空闲时间。这将使看到的人印象深刻,并促使他们将会议时间缩短。

"数字化待办事项清单"是控制时间的有力工具,它原来的名字是"任务管理软件"。它不仅具有纸质待办事项清单的一些优点,还具备一些其他的优势。

数字化待办事项清单可以让你只需点击一个按钮,就可以把自己的事项转移到别人的待办事项清单中。它可以使你的授权更有效,但你要确保所有收到的任务都在自己优先级的"红线"之内。你也可以在一份数字化的待办事项清单中设定程序指令,提醒自己在近期有哪些最重要的任务。

利用技术掌控你的情绪

很多人不会把技术变成自己的仆人,是因为他们害怕学习新技能。这种恐惧心理也可以得到控制,拒绝让它拖你的后腿。任何技术都是可以学习的，只要是别人能学到的技术，你也可以学到。

让你所在的组织知道你对学习新的技术工具感兴趣，这将使你更有效率。如果你有朋友、家人或合作伙伴是技术达人，请向他们学习一切你能学到的新技术。

最重要的一点是，你要避免说出"我做不到"这种话。技术已经不再是可选技能，而是像阅读、写作和算术一样成为重要的必备技能。如果谁还存有"技术只是少数人群擅长的"这种想法，简直就是天方夜谭。不论你年龄多大、属于什么种族、性别是男是女，你都具有掌握技术的能力。如果你确实会产生挫败感，只需记住，每个人都会跟你一样，有相同的遭遇；即使是每小时工资高达几百美元的专业程序员，面对技术也难免会有挫败感。

当你把技术变成仆人时，它会给你正向、鼓舞人心的情感力量，提高你的生产力。在社交媒体上发布你最重要的目标，向你的关注者承诺你会实现这一目标。然后，每天在社交媒体上更新你的进展，如果你有一天松懈了、跳步了，你的关注者都会知道。

在社交媒体上发布你的进程是令你在长期计划中取

得进步的一种绝佳的方法。当未来的回报离你还很遥远时，持续地保持动力是很困难的，所以每天更新，从你的社交媒体关注者那里收集他们的赞或爱心，是一种让你每天收获一点小回报的方法。

更进一步地，你可以在社交媒体上找到与你处于相同领域的人，与他们展开竞赛，看谁能吃掉最多的青蛙。例如，许多小说家喜欢在推特上分享每天的写作字数，这样他们能够看到自己的朋友圈里谁是速度最快、最高产的作家，谁又陷入了拖延。

不要被社交媒体束缚住，相反地，让它为你服务。这很简单：不去发布那些平庸的文字，而是发布你的人生目标，寻求社群的支持然后征服所有目标。

吃掉那只青蛙

1. 今天就痛下决心,推掉所有的通告,只给自己留下一个处理紧急情况的渠道。为你最重要的任务创造一个数字化生活的特定空间。

2. 下决心研究、安装一个软件或 App,让它帮你变得更加高效和专注。

第 17 章

高度的专注力

生命完全是一场专注力的修行,你专注于哪里,你的生命就在哪里。

——克里希那穆提(Jiddu Krishnamurti)

高度的专注力是高绩效的关键。电子设备和其他中断注意力的事情对你的诱惑,会吸引你的注意力,使你的注意力分散到各处,导致思维散漫、难以集中精神、成绩低下,做事最终以失败告终。

当今的研究结果证实,不断回复邮件、接听电话、回信息、处理即时消息会对大脑产生消极的作用,会缩短注意力维持的时间,使你难以集中注意力去完成关乎你未来和决定你成功的任务。[1]

上瘾

当你每天清晨的第一件事是查看邮件,或当你对邮箱来信或手机短信的提示音做出反应时,你的大脑中会释放出少量的多巴胺。多巴胺的冲击就像在你的耳边响起了悦耳的嗡嗡声。它会激发你的好奇心，驱使你立刻做出反应。你会立刻忘记当前正在做的事情，把全部注意力转移到新消息上。

就像玩老虎机赢钱时机器会响起动听的铃声一样，邮件或即时消息的提示音会引发你做出反应——"我赢了什么呢？"并立刻停下手上的工作，去查看你的"奖品"是什么。

当你的一日之计以一系列邮件和即时消息，刺激多巴胺冲击大脑，来开启这一天时，你会发现在这一天接下来的时间里，很难有效地集中注意力完成重要的任务。

多任务引发的幻觉

有些人相信他们可以同时管理多个任务，在处理邮件和重要工作之间来回切换。但一个人每次只能专注地处理一件事。他们的这种做法叫作"任务的转换"。他们可以反复不断地转换注意力，就像摇摆不定的探照灯从一个物体照到另一个物体上那样。

处理完网络上的一个突发事件后，人们通常需要花费 7 分钟才能完全将注意力从前一件事情上转回到原来的任务中,然后继续工作。这恰恰是今天的人们工作时越来越难以从处理邮件中回到手头上工作的原因,一整天下来,完成的结果越来越少。而且其中的错误率还非常高。

被验证的结论

这些被验证的结论很简单,而且已经被各行业的高效能人士广泛采用。第一,清晨不要检查邮件,这样才会避免新邮件刺激大脑,释放出全天的多巴胺,分散注意力。让你的设备仍处于关闭的状态。

第二,如果由于特殊原因,你需要查看邮件,那么你需要尽快切换到邮件处理状态,然后迅速地结束。关掉电脑的声音提示音,让你的手机处于"震动"状态。停止刺激和触发多巴胺的释放,停止其他不断引发注意力中断的刺激。

第三,下定决心每天查看两次邮件,把时间定在上午 11 点和下午 3 点半,处理完之后就关闭邮箱。给他人提供一个在紧急情况下可以找到你的电话号码。

不论你是跟别人一对一开会,还是给更多人开会,都采用上述的协议。把电子设备关掉。不要打断别人与你的在线合作,或者中途接听第三人的来电,因为这些举动对对方而言都是不礼貌的。一定要为对方100%地专注。这一条协议也适用于在家里发生的情况。

把生产力提升到两倍

这里介绍一个简单的方法,帮助你将生产力提升到两倍。第一,每天提前制订一整天的计划,选择出你最重要的任务,然后开始完成该任务,直到全部结束为止,在彻底完成该任务之后,再开始做其他的工作。第二,持续不间断地连续工作90分钟,期间不要有任何的干扰和注意力的分散,然后让自己休息15分钟。第三,投入全部精力再次开始下一个90分钟的工作。第四,完成了为期三小时的工作后,你终于可以奖励自己查看邮件,刺激多巴胺冲击你的大脑了。

当你建立了这一习惯,在每天上午首先抽出连续3小时完成重要工作后,你将让你的生产力提升到两倍,并能够克服全天不定期查看邮箱的陋习。你将会全面掌控自己的生活。

吃掉那只青蛙

1. 在大脑中保持对成功目标和高效生产力的追求。在你开始做任何事情之前,都要先问问自己,"这会帮助我达成最重要的目标吗,还是仅仅是一个干扰而已?"

2. 拒绝成为各种警报声和提示音的奴隶,这些只会使你从即将真正改变人生的任务中分心。让你的通信设备处于关闭的状态。

第 18 章

奶酪和香肠工作法

习惯在养成之初就像一根看不见的细线,但是我们每重复一次习惯,这根线就会变得更粗壮一点,最终它会变成一条粗大的缆绳,把我们的思想和行为牢牢地拴在上面。

——奥里森·斯韦特·马登

许多人将重大而艰巨的任务拖延的主要原因之一是，第一次遇到这样的工作时，它就像一个庞然大物，令人望而却步。

完成这样一项庞大的任务的技巧，是用"香肠工作法"，把大任务进行分解。换句话说，你把这项任务分解成多个部分，一次只解决其中一部分，就像一次只吃一片香肠一样，最终你能吃掉一整根大香肠，又像一次咬一口大象一样，最终你能吃掉整只大象。

从心理学的角度看，你不难发现，每次只做大工程的一小部分，要比从整体入手容易得多。通常情况下，一旦你做完了其中一部分工作，你会更愿意完成下一部分，很快你会发现，不知不觉你就已经完成了整个庞大的任务。

设定强制关闭机制

这里重要的一点是,每个人在内心深处都有一种"完成工作的欲望",人们通常称之为"强制关闭的冲动"。它的意思是,你开始处理一项任务,并最终完成它,你会感觉更愉快,更加充满力量。你会觉得完成一项任务和项目是潜意识里的一种需要,你必须满足这种需要。就是这种感觉驱使你去完成一项又一项任务和项目,直至彻底完成任务。正如我们在前面所提到的,这种结束工作的感觉会促使你的大脑释放内啡肽。

你要完成的任务越大,完成之后你的感觉就越好。你吃的"青蛙"越大,你会感觉自己越有力量,精力越充沛。

当你完成任务的一部分时,你会想要去完成第二部分、第三部分,以此类推。每前进一小步都会增加你后面的动力。

很快你会获得一种内在的驱动力,激励你不断前进,直至完成任务。完成一项工作能让你得到极大的快乐和满足感,正如任何一种成功能带给你的感觉。

任务分解的"奶酪工作法"

另一种促使自己开始工作的技巧称为"奶酪工作法"。这一技巧的原理是,每次解决任务中的一个环节之后,就在任务清单上打一个洞,打过的洞就像一块奶酪上的洞一样。

当你安排一个特定时间段来完成一项工作的时候,你可以使用奶酪工作法。这个时间段可以只有5分钟或10分钟,时间走完之后你再去做其他事情,用这种方法每次你只吃一小口青蛙,然后要么休息,要么去做其他事情。

"奶酪工作法"的作用与"香肠工作法"差不多。一旦你开始工作,你就会产生一种前进的欲望和想完成工作的冲动。你会变得精力充沛、情绪高涨,你能感觉到有一种内在的驱动力使你不断前进,直到完成工作为止。

无论你做什么工作,如果这项工作让你感觉望而生畏,无从下手,你都应该尝试"香肠工作法"或"奶酪工作法"。这些技巧对克服拖延极有帮助,会给你带来意想不到的效果。

我有好几个畅销书作家朋友,他们在动笔写一本书之前,只是下决心每天写一页,甚至只写一段,直到最后写完一本书。你也可以这样做。

吃掉那只青蛙

1. 立刻将这些技巧付诸实践。选择一项你拖延的复杂而艰巨的任务，无论是用"香肠工作法"还是"奶酪工作法"，都去立即着手处理这项任务。

2. 把自己变身为"行动派"。高效能人士有一个共同点，每当他们听到一个好点子，就会立刻行动。所以他们学得更多，学得更快，并能得到更好的结果。不要迟疑。今天就试试这种方法！

第 19 章

创造整块的时间

如果你把全部精力集中于一组有限的目标上,那么你的未来将不可限量。

——尼杜·库比恩(Nido Qubein)

许多重要任务都要花费大块的时间不间断地完成。你能否找到大块的、可利用的时间，关系到你能否在工作、生活中取得大的成就。

成功的销售每天都会抽出一段固定的时间，来给潜在客户打电话。他们不会拖延或推迟自己不喜欢做的工作，相反，他们会每天坚持给客户打 1 小时电话，比如在上午 10 点到 11 点之间，他们会约束自己一直这样做下去。

许多公司高管每天都会抽出一段固定的时间，给客户打电话，以直接听取他们的意见。有些人每天抽出 30～60 分钟的时间用于锻炼。

许多人把每天晚上睡觉之前的 15 分钟用来阅读精品图书。这样，日积月累，他们能读到大量优秀的书籍。

为整块时间制订时间表

要成功地使用这一方法,即每天在某个特定的时间段处理特定的事情,关键是要提前计划每一天的工作,然后找一个固定的时间段,来处理特定的活动和工作。你可以跟自己的工作定一个"约会",然后约束自己来守约。你每天抽出 30 分钟、60 分钟或 90 分钟的时间,处理重要工作。

很多高效能人士都是这样做的,他们总是提前安排每一天的工作,安排特定的时间段来处理特定的事情。他们的目标是一次完成一项重要工作,并根据这一原则来规划自己的职业生涯。正因为如此,他们的工作效率越来越高,最终能达到普通人工作效率的 5～10 倍。

使用时间计划表

使用一份提前规划的,具体到每天、每小时甚至每分钟的时间计划表,是提高个人工作效率的最有效的工具之一。根据这份计划表,你可以安排大块的时间,专心致志地进行某一项工作。

在这段工作时间之内，你关闭手机，不受任何来自外界的干扰，不间断地进行工作。最好的工作习惯之一就是每天早早起床，然后在家里工作几个小时。在这段时间里，没有人打搅你的工作。而在忙碌的办公室里，你的周围可能人满为患，电话也狂轰滥炸地响个没完没了。相比之下，你在家里可以完成3倍的工作量。

把每分钟都利用起来

如果你要乘坐飞机出差，那么你可以在出发之前精心地安排你的工作，从而把飞机变成你的空中办公室。飞机起飞之后，在整个航程期间，你可以连续不断地工作。由于这里没有任何干扰，你会完成大量的工作。

高效能、高生产力的诀窍之一是：让你的每一分钟都发挥价值。要充分利用被称为"时间的礼物"的旅行和中转时间。你可以利用这些时间来处理一些庞大任务中的一小部分。

吃掉那只青蛙

1. 多思考和尝试用各种不同的办法来节约、安排或创造大块的时间。用这些时间去处理那些重要的、长期能产生重大影响的任务。

2. 充分发挥每一分钟的价值。提前计划并做好准备,从而能够持续不断地、不受干扰地进行工作。最重要的是,把精力集中在你负责的最重要的工作上。

第 20 章

保持紧迫感

不要盲目地等待,时机永远不会"恰到好处"地到来。从你现在的位置开始工作,运用你需要的、能找到的任何工具。在前进的过程中,你还会找到更好的工具。

——拿破仑·希尔

也许，在那些高效能人士身上，最容易识别的特征就是"马上行动"。

生产力高的人愿意花费时间去思考、制订计划、确定事件的优先级。然后，他们就行动迅速、意志坚定地投入工作，朝着自己的理想和目标前进。他们从容不迫地、循序渐进地工作，在一般人盲目地社交，浪费时间，从事那些无谓的、低价值回报的工作的时候，他们却完成了不计其数的工作。

进入最佳状态

当你精力充沛、活力四射地投入自己的工作的时候，你会觉得自己的大脑进入了一种充满激情的状态。几乎每个人都有过这样的经历。而真正的成功人士，体验到这种状态的频率要比普通人高得多。

这种状态是一个人在工作生产力和效能方面所表现出来的最佳状态。在这种状态下,你的思想和情感通常会发生一些近乎奇迹的事情。

在这种状态下,你会感到自己头脑清醒,工作热情高涨,无论做什么事情都既有效又精准。你会觉得自己兴高采烈、充满活力。你会觉得自己做事有条不紊,工作效率非常高。

早在几百年前,人们就发现并且一直在谈论这种"心流"(state of flow)。在上面描述的这种状态下,人们会变得头脑更清晰、更具创造力,才能也发挥得更充分。在这种状态下,你变得更敏感,也更敏锐。你的直觉和洞察力变得非常精准,令人感到难以置信。你能看到自己周围的人和事之间存在的内在联系。你经常会有出其不意的奇思妙想,这些想法能让你更迅速地前进。

引爆自身的高效能

拥抱这种"心流"的方法之一就是培养一种紧迫感。

这是一种内在的动力和渴望,是想要尽快开始并完成一项工作的冲动。这种冲动是一种迫不及待的情绪,能促使你立刻行动起来,并把这种状态一直保持下去。这种紧迫感就好像是自己在和自己赛跑一样。

一旦产生了内在的紧迫感,你会建立一种"行动偏好"(bias for action)。面对一件你即将处理的事情,你会立刻采取行动去完成,而不是夸夸其谈地讨论它。你会集中注意力,关注能够立即实施的步骤。为了达到自己预期的目的,实现预计的目标,你会一心一意地处理那些能够立刻做的事情。

所有的成功似乎都离不开快节奏。要形成这种快节奏,你必须马上行动,然后一直稳定地保持这种速度。你行动得越快,就越想推动自己变得更快,你就进入了"交易"之中。

激发动能

当你变身"行动派"以后,你就激活了成功的"动能法则"。这一法则的具体内容是,克服惯性进入动态,需要消耗大量的能量,但是,要继续保持这种动态,所需要的能量却少得多。

好的结果是,你行动的速度越快,你的能量就越大;你行动的速度越快,你完成的工作就越多,你的工作效率就越高;你行动的速度越快,你积累的经验就越多,学到的知识也越多;你行动的速度越快,你的工作能力就越强,才能就越出众。

来自内心的紧迫感能让你自然而然地驶入事业的快车道。你的工作效率越高,完成的工作越多,你的自豪感就越强,自信心就越足,自我感觉也就越好。

马上行动

如果你想让自己马上投入工作,最简单也最有力的方法之一就是不断对自己重复这样一句话:"马上行动!马上行动!马上行动!"

如果你觉得自己的工作速度逐渐放慢,或因为别人的谈话而分心,或正在从事一些低价值回报的工作,你应该不断地对自己说:"继续工作!继续工作!继续工作!"

总之,在你的职业生涯中,你应该不断努力,使自己成为一个能快速、圆满地完成重大任务的人,并且努力从别人那里获得良好的声誉。对你来说,没有什么比获得这种声誉更重要的了。这样的声誉能使你成为业内身价最高、最受人尊敬和爱戴的人之一。

吃掉那只青蛙

1. 从现在开始,无论做什么事情都要培养一种紧迫感。选择一个自己可能会拖延的领域,决定在这个领域内养成马上行动、决不拖泥带水的习惯。

2. 当你看到一个机会或者发现一个问题时,应当立刻采取行动。当你接受了一项任务或承担了某个责任时,应当迅速完成并及时向领导汇报结果。你应当在生活的重要领域快速地行动。当这一切成为习惯之后,你的感觉会更好。

第 21 章

单独处理每一项任务

力量的真正秘密在于此。学习如何使用资源,然后在特定的时刻把它集中使用在特定的事情上。这一习惯要通过反复实践才能形成。

——詹姆斯·艾伦(James Allen)

吃掉那只青蛙！无论是提前计划、确定优先级，还是时间上的统筹、安排，都是出于这个简单的目的。

在人类历史上，任何一项伟大的成就都是经过长期、艰苦、不懈的努力才取得的。

如果你要提高工作效率、改善业绩，关键就在于选择最重要的工作，然后着手去处理它，全身心地投入直至完成这项工作。

一旦开始，全力以赴

全力以赴地投入一项工作的要求是，一旦开始做这件事情，就全身心地投入进来，不受外界干扰，不转移注意力，直到100%地完成工作。每当你想停下来，或想要做其他事情的时候，你要不断对自己重复"继续工作"这句话，然后敦促自己不断前进。只要你能全身心地投入对你最重要的事情，就能把完成工作所需要的时间缩短50%甚至更多。

根据有关测算，如果你处理一项工作的过程中做做停停，也就是说先做这件事情，中途又放下去做另外一件事情，然后再继续做这件事情，完成整个工作需要耗费的时间会增加500%，甚至更多。每次你重新回到一项工作上的时候，你都必须首先让自己熟悉上次中断之前的工作部分，并思考接下来应该做些什么。你必须先克服惰性，然后才能继续工作下去。你必须先获得开始工作的动量，然后才能适应快节奏的工作状态。

但是，如果你提前精心做好准备，然后开始工作，在工作过程中决不中断，直到工作彻底完成，你就会精力充沛、热情高涨、劲头十足。你会觉得渐入佳境，工作效率越来越高。你的工作速度越来越快，成效也越来越好。

不浪费时间

事实上，一旦你确定了对你来说最重要的事情，可以这么说，你所做的其他任何事情都是浪费时间。相对于你自己确定的最优先事件，其他任何事情都没有你要做的这一件有价值，没有这一件重要。

你的自律能力越强，全身心投入一项工作的能力就越强，你就越能沿着"效率曲线"不断完成进度，你高质量、高效完成的工作会越来越多，耗费的时间却越来越少。

但是，每一次你中断一项工作的时候，你就打破了这一良性循环，回到了"效率曲线"的谷底。如前所述，每次你重新回到原来工作的时候，工作难度都会加大，完成工作所耗费的时间也变得更多。

自律是关键

《致加西亚的信》（*A Message to Garcia*）的作者阿尔伯特·哈伯德（Elbert Hubbard）将"自律"定义为"在应该做某件事情的时候，约束自己去做那件事情，无论自己当时想做还是不想做"。

归根结底，在任何一个领域内，要想获得成功，都需要极强的自律能力。自律、自制是一个人性格塑造和高效能的基石。

在确定一项优先事件并着手去处理它之后，能否坚持不懈地投入这项工作，直到 100% 彻底完成，是对你的性格、意志力和决心的真正考验。

坚持不懈就是自律的外在表现。这里有一个良性循环：你越自律，越能坚持不懈地投入一项重要工作，你就越喜欢、尊重自己，你的自尊也就越强。反之亦然，你越喜欢、尊重自己，你就越容易约束自己坚持不懈地完成工作。

只要你能全身心、始终如一地去做那些对你而言最重要的事情，直到彻底完成这项工作，你就重新塑造了自己的性格，使自己成为一个出类拔萃的人。

你会成为一个性格更坚强、能力更出众、更自信、更快乐的人。你会觉得更有力量、更高效。

最后，你会感觉自己可以设定并实现任何目标。你会成为自己命运的主人。你把自己置身于一个事业上升的螺旋中，完全掌控自己的未来。所有这一切的关键是，确定当前对自己而言最重要、最有价值的事情，然后"吃掉那只青蛙"！

吃掉那只青蛙

1. 立刻行动！现在就确定对你来说最重要的工作和任务，然后立刻全身心地投入这项工作。

2. 一旦开始工作，就约束自己在工作过程中心无旁骛，不受外界干扰，也决不分散自己的注意力，直到工作100%完成，把这个当作一项测试，看自己是否能做出决定并完成。一旦开始工作，就坚持到底，直到全部完成为止。

后　　记

生活幸福、事业成功、拥有自我满足感的关键是，每天开始工作的时候，养成首先吃掉"青蛙"的习惯。

还好，这种技巧可以通过反复实践来习得。一旦你养成这种先完成最重要工作的习惯，你一定能获得成功。

在这部分，我将对书中介绍的克服拖延、用最短时间完成最多工作的 21 种方法做全面的总结。你应该经常复习这些定律和法则，直到它们在你的头脑中固化，而且你也养成了遵循上述规则来处理事情的习惯，这样你的前途将不可限量。

1. 明确目标：确定自己究竟想要什么。目标清晰至关重要。在每天开始工作之前，把你的目标全部写下来。

2. 每天提前做计划：一边思考，一边把你的想法写在纸上。你花费在准备工作上的每一分钟，都将使你在工作过程中节约5~10分钟。

3. 将80/20法则用于你的所有任务：你的所有任务中，其中有20%的任务能产生80%的结果。因此，尽量把你的精力集中在那20%的任务上。

4. 考虑效果：你最重要的、优先级最高的事情是那些将对你以后的生活或工作产生最重要影响的事情，无论其影响是正面的还是负面的。你应当最优先处理这些事情。

5. "创造性拖延"练习：既然你没有时间去安排所有的事情，你就必须学会推迟处理那些没有什么意义的工作，从而腾出时间来处理那些少数的、重要的工作。

6. 持续不断地练习使用ABCDE法：根据自己列出的任务计划，在开始工作之前，先抽出一点时间，根据优先级对这些事情进行安排，从而确保你先处理最重要、最有价值的事情。

7. 聚焦关键结果领域：要想圆满地完成自己的工作，你必须具备哪些能力和技能？找出答案，然后日益精进，解决上述问题。

8. 遵守"3个"定律：找出你的工作中的最重要的3件事情，你对公司90%的贡献都来自这3件事情。无论如何，都先把这些事情做好，然后，你才能腾出更多的时间来安排个人的家庭和生活。

9. 做好充分准备再行动：开始工作前，先把一切都准备就绪，包括所有的资料、信息、工具、材料，以及你需要的数据，然后，你就可以全身心地工作了。

10. 每次到达下一个油桶：如果你每次能阶段性地推进下一步工作，那么你就能完成最艰巨、最复杂的工作。

11. 升级核心技能：你在自己的关键领域内知识越全面，技能越娴熟，你动手就越快，任务完成得就越早。

12. 找到最关键的限制因素：确定影响你实现目标的瓶颈和主要障碍，无论是来自外部还是内部，然后集中精力消除这些障碍。

13. 自我设定压力目标：假设你即将离开所在的城市，外出一个月，离开之前必须把所有重要的工作都处理完。

14. 激励自己将理想转化成行动：做你自己的啦啦队队长。在任何情况下，都寻求事情积极的一面。把精力集中在如何解决问题上，而不是问题本身。要保持乐观向上的态度。

15. 技术是一个可怕的主人：把你的时间收回，不要让各种技术分散你的注意力，停止做技术的奴隶。学着经常把手机设备关机,并放在一边。

16. 技术是一个非常优秀的仆人:用技术工具帮你自己处理最重要的工作,把自己从最不重要的工作中解放出来。

17. 集中注意力:停止不断地打扰和分心,影响你正在完成的最重要的工作。

18. 奶酪和香肠工作法:把复杂而又艰巨的大任务分割开来,变成许多部分,每次只处理一小部分。

19. 创造整块的时间:为自己安排一份日程表,然后留出大块的时间来处理对你来说最重要的事情。

20. 保持紧迫感:养成迅速处理关键任务的习惯。把自己培养成一个能迅速、圆满完成工作的人。

21. 单独处理每一项任务:根据事情的优先级安排优先处理哪些事情,然后立即着手处理最重要的、必须优先处理的事情,全心全意地去做这件事情,决不中途停止,直到 100% 完成为止。这是工作高效、个人生产力最大化的关键所在。

下定决心,每天都实施这些规则,直到它们成为你的第二本性。一旦你在时间管理方面养成上述习惯,让这些成为你个人管理的永久习惯,你的前途将不可限量。

马上行动!吃掉那只青蛙!

参考文献

第 4 章

1. Andrew Blackman, "The Inner Workings of the Executive Brain," *Wall Street Journal*, April 27, 2014.

第 15 章

1. Elizabeth Segran, "What Really Happens to Your Body and Brain During a Digital Detox," *Fast Company*, July 30, 2015, http://www.fastcompany.com/3049138/most-creative-people/what-really-happens-to-your-brain-and-body-during-a-digital-detox.
2. Lisa Eadicicco, "Americans Check Their Phones 8 Billion Times a Day," *Time*, December 15, 2015, http://time.com/4147614/smartphone-usage-us-2015/.
3. Lancaster University, "How We Use Our Smartphones Twice as Much as We Think," *ScienceDaily*, October 29, 2015, https://www.sciencedaily.com/releases/2015/10/151029124647.htm.

第 17 章

1. Leon Watson, "Humans Have Shorter Attention Span Than Goldfish, Thanks To Smartphones," *Telegraph*, May 15, 2015, http://www.telegraph.co.uk/science/2016/03/12/humans-have-shorter-attention-span-than-goldfish-thanks-to-smart/.

作者简介

博恩·崔西（Brian Tracy）是世界顶级销售培训大师、"世界500强企业"一致推崇的绩效思想家、C.P.A.E.美国演讲家最高荣誉获得者以及博恩·崔西国际教育集团董事局主席兼CEO。

他为全球500多万名专业人士做过培训，其课程连续25年在美国创下有史以来的最高销售纪录。比尔·盖茨、杰克·韦尔奇、沃伦·巴菲特等世界级商业领袖都曾经接受过他的领导者管理思想培训。

他在全球80个国家成功举办过5 000多场专题演讲，为1 000多家公司提供过咨询服务，时至今日，有超过2/3的"世界500强企业"已经或正在运用他的销售系统和策略。

博恩·崔西一生著述颇丰,其代表作有《吃掉那只青蛙》(*Eat That Frog!*)、《博恩·崔西的时间管理课》(*Time Power*)、《高效人生的 12 个关键点》(*Focal Point*)、《高绩效销售》(*Unlimited Sales Success*)等。